ÉLÉMENTS DE SCIENCE MORALE.

ÉLÉMENTS

DE

SCIENCE MORALE,

COMPRENANT

L'ÉTHIQUE, L'ÉCONOMIQUE, LA POLITIQUE, ET LA THÉOLOGIE NATURELLE,

AVEC

UN APPENDICE SUR L'IMMATÉRIALITÉ ET L'IMMORTALITÉ DE L'AME,

PAR JAMES BEATTIE,

Professeur de Philosophie morale et de Logique au Collége Mareschal, Université d'Aberdeen.

TRADUIT DE L'ANGLAIS,

SUR LA TROISIÈME ÉDITION,

PAR M. C. MALLET,

DOCTEUR ÈS-LETTRES,
AGRÉGÉ DE PHILOSOPHIE ET DES CLASSES SUPÉRIEURES DES LETTRES,
ANCIEN ÉLÈVE DE L'ÉCOLE NORMALE,
PROFESSEUR DE PHILOSOPHIE AU COLLÉGE ROYAL DE ROUEN.

AVEC UNE PRÉFACE ET DES NOTES DU TRADUCTEUR.

TOME PREMIER.

PARIS,

CHEZ MME MAIRE-NYON, LIBRAIRE.

QUAI CONTI, 13.

1840.

Dédicace.

A M. Royer-Collard,

Membre de l'Institut,
Professeur de l'Histoire de la Philosophie moderne
à la Faculté des Lettres de Paris.

A quel autre que vous, Monsieur, puis-je plus convenablement dédier cet essai de traduction d'un des principaux monuments de la philosophie écossaise ! N'est-ce pas vous qui, le premier, avez révélé à la France les doctrines de cette école que fonda Hutcheson, & dont Dugald-Stewart a résumé les travaux ! A une époque où de funestes rivalités n'avaient laissé subsister entre les deux nations les plus éclairées de l'Europe d'autre con-

renouvelé sur le pacifique terrain de la science des relations que la politique avait brisées; vous avez fait appel à ce qu'il y avait de vrai, de noble, de généreux dans les idées d'une philosophie qui grandissait à notre insu dans un pays voisin du nôtre; vous avez donné accès en France aux doctrines écossaises, en attendant que les travaux de vos disciples, qui sont aujourd'hui d'illustres maîtres, leur y conquissent une immense & légitime popularité. Beattie est un Ecossais; il est le moraliste de cette école dont Hutcheson & Reid sont les psychologues, Smith l'économiste, Oswald le théologien, Ferguson le publiciste. A ce titre, souffrez, Monsieur, que son traducteur vous fasse hommage d'un travail entrepris dans le but de propager en France une philosophie à qui son esprit de sagesse & de haute moralité a valu dans toute l'Europe savante la plus honorable & la plus solide estime.

C. Mallet.

Le 31 Mai 1840.

PRÉFACE
DU TRADUCTEUR.

Le nom de James Beattie est à peine connu en France, et déjà, depuis plus de quarante années, l'Allemagne s'est approprié ses travaux en les traduisant presque immédiatement après leur publication [1]. Le philosophe que Tennemann a nommé l'éloquent Beattie [2] méritait chez nous autre chose que cette indifférence; et, en publiant cet essai de traduction du plus considérable d'entre ses écrits, nous nous sommes proposé tout-à-la-fois de réparer, autant qu'il était en nous, un injuste oubli, et de faire connaître à notre

---

[1] James Beattie. *Essay on the nature and immutability of truth, in opposition to sophistry and skepticism*, trad. en allem. par Gerstenberg, d'après la 5e édit. Leip., 1777. — *Dissertations moral and critical*, trad. en allem. par L. Grosse. Gœtting, 1790. — *Elements of science moral*, trad. en allem. par Moritz, 1790.

[2] Voir le *Manuel de l'histoire de la philosophie*, trad. de l'allem. par M. V. Cousin, paragr. 372.

pays un livre où les doctrines les plus saines et les plus pures, tant dans l'ordre de la politique que dans celui de la religion et de la morale, sont présentées avec une grande puissance de raison, et en même temps sous des formes simples, claires et persuasives.

La mission accomplie par un philosophe peut et doit être envisagée sous un double aspect. Cette mission emprunte sa nature et son caractère tout-à-la-fois des dispositions individuelles de l'écrivain, de son génie, de ses tendances, et des circonstances sociales au milieu desquelles il a été appelé à déployer son activité. En d'autres termes, il y a deux hommes dans le philosophe : il y a le penseur avec son originalité propre ; il y a, de plus, l'enfant de tel siècle, le citoyen de tel pays, le disciple de telle école. Or, l'on conçoit que ces deux aspects, réels au même titre, ne puissent être, sous peine d'une vue incomplète et défectueuse, envisagés isolément, puisqu'ils sont l'un et l'autre un élément intégrant du même tout. C'est pourquoi, dans les considérations qui vont suivre, nous nous sommes attachés à ne pas isoler Beattie d'avec ses illustres et savants devanciers ou contemporains de l'école écossaise. Déterminer d'abord le rôle général de la philosophie écossaise, puis, dans l'ensemble de cette philosophie, la mission spéciale que, sous l'impulsion tout-à-la-fois de ses tendances personnelles et d'une sorte de nécessité sociale, se proposa et accomplit Beattie, tel est ici notre double objet.

La philosophie écossaise, telle qu'elle se constitua sous Hutcheson et Reid, pour se développer ensuite sous Oswald et Beattie, et ultérieurement sous Ferguson, Smith, Dugald-Stewart, naquit d'un impérieux besoin de protestation contre les conséquences extrêmes auxquelles avaient abouti les doctrines de David Hume. Le scepticisme était partout, en morale et en religion tout aussi bien qu'en idéologie; le domaine de la raison spéculative, le domaine de la raison pratique, il avait tout envahi. Le pieux évêque de Cloyne était loin de se douter qu'il travaillait pour l'incrédulité, alors que, dans l'ardeur d'un spiritualisme peu mesuré et peu réfléchi, il s'ingéniait à créer des arguments contre l'existence de la matière [1]. Et cependant, rien de plus légitime que d'accuser Berkeley d'avoir ouvert et préparé à Hume la

[1] Voir les dialogues de Berkeley entre Hylas et Philonoüs.

voie du scepticisme, que ce dernier devait parcourir jusqu'à ses plus extrêmes limites. Une fois que, grâce aux ingénieux sophismes de l'évêque irlandais, l'esprit du doute se fut exercé sur les données des sens, il voulut aller au-delà, obéissant en ceci à cette irrésistible impulsion qui pousse tous les systèmes à courir vers leurs conséquences dernières. La véracité de la perception extérieure avait été contestée et niée; mais désormais le scepticisme se trouvant trop à l'étroit dans la carrière que Berkeley lui avait ouverte et tracée, dirigea ses attaques contre la véracité de la raison, et, dès-lors, avec le monde des sens dut s'écrouler le monde de l'intelligence. Ce phénomène, du reste, n'était pas nouveau dans l'histoire de l'esprit humain; la même succession et le même progrès dans les tendances du scepticisme s'étaient jadis manifestés en Grèce. Parménide et les Eléates avaient mis en question la légitimité des notions sensibles, et puis était venu Pyrrhon [1], qui avait étendu le doute à chacun des différents ordres de la connaissance humaine. Telle est, en effet, la nature envahissante du scepticisme, qu'une

[1] Voir l'article *Pyrrhon*, au tome 2 de mes *Etudes philosophiques*.

fois qu'il a pris pied dans le domaine des idées, il ne recule devant aucune extravagance, et ne s'arrête que quand il ne lui reste plus rien où pénétrer. Sans doute Parménide eût désavoué Pyrrhon, comme Berkeley eût rejeté bien loin les théories de Hume; mais il n'en est pas moins vrai que Parménide et Berkeley ont été les précurseurs, l'un de Pyrrhon, l'autre de Hume. Ainsi, le XVIIe siècle avait fini par le doute en matière de perception extérieure, et le XVIIIe siècle en était rapidement arrivé au septicisme en toutes choses [2]. Et, indépendamment de cette première différence quant à l'extension et au développement, il y en avait une autre bien plus grave, relative aux résultats. Tant que Berkeley et les siens se bornaient dans leurs écrits à professer le septicisme en matière de

---

[2] Le scepticisme de Hume s'étend tout-à-la-fois à la métaphysique, à la morale et même aux mathématiques. Non-seulement Hume a contesté les principes de substance et de causalité, et le principe des causes finales, bases de la morale et de la théodicée, il a contesté même les principes mathématiques, « car, dit-il (*Traité » de la nature humaine*), personne n'a jamais vu, personne n'a jamais touché une ligne tellement droite, qu'elle ne pût en couper » une autre également droite en deux ou plusieurs points; donc il » n'y a point d'idée d'une ligne semblable... Par le même raisonnement, les autres idées essentielles à la géométrie, telles que les » idées d'égalité, de carré, de cube, sont loin d'être parfaitement » exactes. »

perception extérieure, la chose était sans grave péril. On niait intrépidement dans les livres l'existence de la matière ; puis, une fois sorti du monde des abstractions pour entrer dans le monde des réalités, on agissait avec la même prudence et la même circonspection que si la matière eût véritablement existé, et l'on se gardait très-soigneusement du choc des corps, comme si les corps eussent été réellement autre chose que des illusions de l'esprit. Il n'y avait donc en tout ceci que jeux d'esprit sans portée ultérieure, et, supposé qu'il fût sérieux, le scepticisme de Berkeley était, après tout, un scepticisme très-innocent. Il en devait être tout autrement du scepticisme de Hume. Ce scepticisme n'attaquait plus seulement la réalité du monde matériel et la véracité de celle de nos facultés qui nous met en rapport avec lui, il attaquait encore le monde intellectuel et la véracité de cette faculté de l'ame qui nous met en rapport avec ce monde intellectuel, la raison [1]. Il y a plus ; dans le domaine rationnel, c'est surtout contre les vérités de l'ordre pratique que Hume sem-

---

[1] *David Hume's treatise of human nature*, etc. London, 1738.

blait avoir dirigé ses aggressions, puisqu'il conteste l'évidence et la solidité des principes qui servent de base à l'idée de Dieu, à la notion de la providence, à la croyance en une vie future. Telle était, dans ses principes et dans ses conséquences, la philosophie contre laquelle l'école écossaise, au nom du bon sens renié, au nom de la religion et de la morale outragées, au nom des plus nobles et des plus consolantes vérités méconnues, engagea et soutint le combat.

On conçoit *a priori* que le *criterium* adopté par l'école écossaise dans cette lutte contre le scepticisme devait nécessairement être d'une autre nature que celui de Hume et de ses disciples. Pour ces derniers, l'unique *criterium* avait été l'évidence; pour les Écossais, ce fut le sens commun. Or, qu'entendaient les Écossais par sens commun? Ils entendaient ce que tout le monde entend, à savoir, cette lumière intérieure *qui éclaire tout homme venant en ce monde,* et qu'il faut posséder en quelque degré pour être obligé par les lois, pour être capable de veiller à ses intérêts, et responsable de sa conduite envers autrui. C'est ce degré, dit Reid, qu'on

tractons, et à qui nous pouvons demander raison de leurs actions [1]. Nous n'ignorons pas que ce n'est pas tout-à-fait en cette acception que Dugald-Stewart entend le sens commun en tant que *criterium* philosophique [2]. Mais nous croyons que Stewart a détourné ce mot du véritable sens que primitivement lui avaient donné Reid et Beattie. Pour Beattie, le sens commun est cette faculté par laquelle l'esprit perçoit la vérité de toute proposition d'évidence intuitive, qu'il s'agisse, soit d'un axiôme de science abstraite, soit d'un fait reposant sur le témoignage immédiat de la conscience, de la perception externe, ou de la mémoire, soit enfin d'une de ces lois fondamentales de croyance qui sont impliquées dans la manière dont nous agissons dans les affaires ordinaires de la vie. Pour ce qui est de Reid, le texte précédemment cité ne saurait laisser aucun doute sur la signification qu'il attache au mot *sens commun*. En plusieurs autres endroits, cette même significa-

---

[1] Reid, Œuv. compl., publ. par M. Jouffroy, t. 5, p. 31.

[2] J'avouerai volontiers que la doctrine du sens commun a été mal présentée dans quelques ouvrages, et il ne faut pas croire que je l'adopte absolument telle qu'elle est exposée dans les écrits du docteur Reid (*Vie de Reid,* par Dugald-Stewart, t. 1, p. 72 des œuvres complètes.)

tion se trouve reproduite. « Le sens commun, » dit-il[1], est ce degré de jugement qui est » commun à tous les hommes avec qui on » peut converser et contracter dans les oc- » currences les plus ordinaires de la vie. » Et plus loin[2] : « Sens commun veut dire juge- » ment commun[3]. » Partant de cette définition, Reid entreprend l'énumération des jugements primitifs et intuitifs dont l'ensemble constitue le sens commun. Ces jugements primitifs ou premiers principes sont à ses yeux de deux espèces : 1° premiers principes de l'ordre contingent ; 2° premiers principes de l'ordre nécessaire. Dans la première de ces deux catégories, Reid admet douze premiers principes, et il en range six dans la seconde (*a*). Maintenant, ces dix-huit premiers principes épuisent-ils tout ce qu'il y a réellement de vérités premières pour l'esprit humain? La liste en est-elle complète, et, d'autre part, aucune réduction ne serait-elle possible?

---

[1] T. 5, p. 29.

[2] *Ibid*, p. 33.

[3] C'est bien là aussi la signification que Fénelon donne à ce mot, quand il dit (*Traité de l'existence de Dieu*, 2e partie, chap. 2, 2e preuve) : « Qu'est-ce que le sens commun? N'est-ce pas les » mêmes notions que tous les hommes ont précisément des mêmes » choses? »

C'est là une double question, qui exigerait une thèse spéciale, et que nous ne saurions résoudre en cet instant. Qu'il nous suffise ici d'avoir déterminé ce que Reid et les fondateurs de l'école écossaise entendent par *sens commun*.

Le sens commun et l'évidence se sont de tout temps disputé l'empire dans le domaine de la logique, tour-à-tour vainqueurs ou vaincus, suivant qu'il leur était donné de saisir le principe adverse en flagrant délit d'absurdité, ou que, par le fait même de l'abus de la victoire, ils se laissaient aller à des conséquences extrêmes et extravagantes. Généralement, et à quelques exceptions près, la logique scolastique s'appuya sur l'autorité ; la logique moderne, avec et depuis Descartes, répudia cette base, et lui substitua celle de l'évidence. Il suffit d'avoir lu quelques pages des méditations de Descartes, pour savoir avec quel dédain il traitait toutes les opinions qui résultent en nous de l'éducation et de l'autorité, comme si c'étaient là autant d'erreurs ou de préjugés dont il fallut se dépouiller au plus vîte, pour reconstruire ensuite l'édifice de la connaissance sur un fondement nouveau, qui, sous le nom d'évidence, n'est autre chose que le principe opposé au sens commun, c'est-à-dire, le sens individuel. Cette substitution, qui, suivant nous, est le caractère fondamental de la révolution cartésienne, à laquelle, d'ailleurs, un nombre considérable de caractères secondaires pourraient être assignés, cette substitution, dis-je, contenait en germe le scepticisme. Finir par le doute en toutes choses, après avoir commencé par le doute en matière de témoignage humain et de raison générale, était dans les destinées logiques du cartésianisme. En effet, le sens individuel étant une fois posé comme *criterium* unique du vrai, à l'exclusion de la raison générale, n'en suit-il pas, comme inévitable conséquence, la divergence et le conflit des opinions, et, comme résultat ultérieur de ce conflit et de cette divergence, l'indifférence en matière de vérité, c'est-à-dire, le scepticisme? C'est au non de l'évidence, c'est-à-dire, de la raison individuelle, que Hume avait écrit cette phrase : « Le » spectacle multiplié de tant de contradic- » tions dans la raison humaine, a tellement » remué et troublé mon esprit, que je suis » prêt à rejeter toute croyance et tout raison- » nement, et à ne regarder aucune opinion » comme plus probable ou plus vraisemblable » qu'une autre. » Eh bien! ce fut à ce *crite-*

rium, point de départ de si déplorables conséquences, que l'école écossaise vint opposer le sens commun, renouvelant en ces conjonctures l'œuvre et la mission de Socrate en des circonstances analogues [1]. Le sens commun substitué à l'évidence, c'est la raison générale mise à la place de la raison individuelle ; c'est un appel du jugement particulier de tel ou tel homme, si éminent qu'il soit, et s'appelât-il Pyrrhon ou Sextus, Berkeley ou Hume, au jugement de tous, sur une de ces questions qui ressortissent indistinctement du jugement de tous, parce qu'elles sont l'objet immédiat, soit du témoignage du sens intime, soit du témoignage de la perception extérieure, soit de la révélation de la raison intuitive, et que ces facultés ne sont pas particulières à tels ou tels hommes, mais la dot commune de tous, et en même temps les mêmes chez tous, les mêmes en nature, les mêmes en degré, les mêmes en autorité et en véracité. Tel est le sens commun dans son légitime exercice, et tel est aussi son véritable domaine. Mais, passé les idées qui résultent directement de

[1] Protagoras, en faisant de la sensation la mesure de toutes choses, avait glorifié le principe de la raison individuelle. Socrate, dans le Théétète de Platon, combat cette doctrine, et signale toute l'absurdité des conséquences qui en dérivent.

l'exercice de la raison intuitive, de la perception externe et du sens intime, on sort de l'ordre des vérités universellement acceptées, pour entrer dans celui des opinions divergentes, et ici, mais ici seulement, commence le domaine de la raison individuelle, laquelle a pour instruments principaux, la généralisation et le raisonnement, facultés départies à tous les hommes, sans doute, mais non pas à tous dans la même mesure et le même degré. A quelle condition donc une conciliation est-elle possible entre l'évidence et le sens commun, entre les cartésiens et les Écossais? A la condition de savoir se restreindre de part et d'autre dans de légitimes limites. Assurément, ces deux principes n'auraient pu, depuis l'origine de la science, se partager les sectes et les écoles, triompher et succomber tour-à-tour, pour se relever et lutter encore, s'il n'y avait eu chez l'un et chez l'autre de véritables titres de légitimité. Des esprits tels que Héraclite et Socrate dans l'antiquité, Reid et Beattie dans l'âge moderne, et, sur une ligne parallèle mais opposée, une intelligence telle que Descartes (pour résumer en ce glorieux nom tous les partisans de l'évidence), n'eussent pas adhéré d'une foi si vive et si ardente à un principe qui n'eût contenu en soi une grande part de vérité. L'un et l'autre *criterium* est donc également légitime et admissible, non pas au point de vue d'un syncrétisme extravagant, qui les appliquerait sans discrétion comme sans mesure, mais au point de vue d'un prudent éclectisme, qui saurait leur assigner à chacun leur domaine et leurs limites, leurs fonctions spéciales et leur rôle, et qui les unirait ainsi sans les confondre. Or, ce rôle spécial, ces limites où chacun d'eux doit savoir se renfermer, nous avons essayé de les déterminer. Aux connaissances résultat de la généralisation et du raisonnement, le *criterium* de l'évidence, c'est-à-dire le *criterium* de la raison individuelle, condition indispensable du progrès de l'humanité dans chacune des différentes sphères de son activité intellectuelle, et la gloire de Descartes est de l'avoir compris. Aux connaissances dérivant directement de la raison intuitive, de la perception externe, du sens intime, le *criterium* du sens commun, c'est-à-dire de la raison générale, et l'un des principaux mérites de l'école écossaise est d'avoir revendiqué pour ce *criterium* sa part d'action dans l'appréciation et le contrôle de la légitimité des connaissances humaines. Que si, d'une part, poussant jusqu'à l'abus une règle parfaitement raisonnable, on accorde au *criterium* du sens commun une autorité exclusive en quelqu'ordre d'idées et de jugements que ce soit, alors on arrive, par une conséquence irrésistible, à tout subordonner aux décisions de la multitude, à proscrire tout progrès, à immobiliser l'esprit humain. Que si, d'autre part, on laisse franchir à la raison individuelle les limites qu'elle ne doit jamais dépasser, et qu'on lui permette d'envahir le domaine du sens commun, on aboutit en fort peu de temps au conflit de toutes les opinions, à leur destruction mutuelle, à la négation de toutes les vérités morales, religieuses, sociales, lesquelles reposent, en dernière analyse, sur quelque principe du sens commun, enfin, à toutes les extravagances du scepticisme absolu, et, ajoutons-le, à toutes ses monstruosités; car, l'homme dont l'intelligence se constitue en désaccord avec la raison générale, est un monstre au même titre que celui qui renoncerait à la société pour l'état sauvage, et le divorce serait, des deux parts, une égale rebellion contre les lois de la nature morale. Le préservatif contre ces deux ordres de conséquences également funestes, se trouve dans la conciliation raisonnée des deux *criterium* proposés. Le salut et le progrès de la raison humaine sont à ce prix.

Le sens commun rétabli à titre de *criterium* de la vérité, et posé comme fondement d'une philosophie dogmatique en face du scepticisme de Hume et de son école, tel est le premier caractère que nous signalons dans la philosophie écossaise. La psychologie constituée à l'état de science expérimentale, tel est le second des caractères capitaux que nous avons à mentionner.

Avant Hutcheson et Reid, la psychologie avait à peine opéré quelques timides et imparfaites tentatives. A part le traité de Descartes sur les passions de l'ame, qui, au milieu d'une foule d'hypothèses sur l'existence et le mouvement des esprits animaux, contient plusieurs observations très-fines et très-exactes sur le nombre, la nature et le caractère de nos tendances sensibles ; à part encore quelques pages très-sommaires et très-imparfaites de Locke, dans les limites desquelles le philosophe anglais renferme sa théorie des facultés de l'ame, la psychologie du XVIIe siècle, se réduisait uniquement à l'idéologie. Et encore était-ce là une idéologie très-incomplète et très-défectueuse, puisque, sans même s'enquérir des caractères et des différentes classes des idées, on abordait brusquement, ou plutôt on emportait de vive force la question de leur légitimité. A coup sûr, le problème de la légitimité de nos connaissances est d'une très-haute gravité; mais, à le bien prendre, il est étranger à la psychologie, et c'est à la logique qu'il appartient. La question de l'origine des idées a aussi son importance; mais, d'après les règles d'une sage méthode, elle présuppose traitée et résolue la question des divers caractères et des diverses espèces de nos idées. Enfin, ce dernier problème, quel que soit son intérêt et sa valeur, n'épuise, ni à lui seul, ni même réuni au précédent, toute la psychologie. Si tout dans l'esprit humain se réduisait à des connaissances, alors sans doute, après qu'on se serait demandé quels sont les caractères actuels de ces connaissances, quels furent leurs caractères primitifs, et comment s'est opéré le passage du primitif à l'actuel, la science du for intérieur serait constituée, et, dans ce cas, il y aurait équation entre idéologie et psychologie. Mais il n'en va pas ainsi dans la réalité. Assurément, l'idée est le phénomène capital entre tous les phénomènes du for intérieur, puisque tous les autres phénomènes n'existent réellement pour nous, qu'à la condition que nous soyons avertis de leur présence, en d'autres termes, à la condition que nous en ayons idée. L'idée domine donc et pénètre, pour ainsi dire, tous les autres phénomènes de conscience, mais elle ne les constitue pas, et entre sa nature et la leur il est des dissimilitudes qu'il faut savoir reconnaître et apprécier. Si dans le vocabulaire de tous les peuples se rencontrent les mots de volitions, passions, désirs, affections, joies et peines, instincts, habitudes, c'est qu'apparemment il existe, au fond de l'esprit humain, quelque chose de réel qui correspond à chacune de ces dénominations, et ce sont là autant de phénomènes du for intérieur. Voilà ce que la philosophie de l'esprit humain avait trop négligé avant l'apparition de l'école écossaise ; voilà ce qui n'échappa point à Hutcheson, et devint entre ses mains la base d'une classification des facultés mentales, plus compréhensive qu'elle n'avait été chez ses devanciers. Hutcheson remarqua avec sagacité que la plupart des théories des facultés de l'ame, ne tenaient guère compte que des puissances intellectuelles, et que les puissances appétitives, affectives et passionnelles n'y avaient point obtenu la place que réclamaient leur importance et leur immense influence sur nos actes moraux. Aussi, c'est principalement sur ce dernier ordre de facultés, comme ayant été les plus négligées jusqu'à lui, que le philosophe de Glascow dirige ses investigations [1]. Parallèlement aux facultés purement contemplatives, telles que la réflexion, le jugement, le raisonnement, la généralisation, Hutcheson signala au sein de l'esprit l'existence d'une foule de principes actifs, tels que la sociabilité, la bienveillance, la compassion, le désir de puissance, la curiosité, l'imitation, etc. Une ère nouvelle, préparée, du reste, jusqu'à un certain point, ainsi que nous le disions plus haut, par les travaux de Descartes, s'ouvrit dès-lors pour la philosophie de l'esprit humain. La psychologie était fondée, mais elle requérait encore le développement de quelques points sur lesquels Hutcheson avait passé trop légèrement, l'addition de quelques autres qu'il avait omis, et, plus que tout le reste, une distribution plus régulière, une classification plus méthodique. Ce fut la tâche que vint entreprendre et accomplir Thomas Reid.

Les facultés de l'esprit humain sont divi-

---

[1] *System of moral philosophy*, 2 vol. in-4°.

sées par Reid en deux grands ordres généraux, à savoir, d'une part, facultés intellectuelles, d'autre part, facultés actives et morales. Le premier de ces deux grands ordres comprend la perception externe, la conscience ou sens intime, la mémoire, la conception ou appréhension, l'abstraction, le jugement, le raisonnement, le goût. Le second ordre, celui des facultés actives et morales, est subdivisé par Reid en trois classes, à savoir : 1° les principes mécaniques d'action, qui se subdivisent en instincts et habitudes ; 2° les principes animaux d'action, qui sont ou des appétits, ou des désirs, ou des affections; 3° les principes rationnels d'action, qui sont l'intérêt bien entendu et le sens du devoir. Et il ne faut pas croire que la catégorie des facultés actives et morales ait moins d'importance aux yeux de Reid que celle des facultés cognitives ; il lui accorde au contraire toute son attention : « C'est par » l'étude de ces principes d'action, dit-il, » que nous pouvons découvrir le but de la » vie et le rôle qui nous est assigné sur le » théâtre du monde. Nulle autre partie de » notre constitution n'est plus digne de notre » contemplation, et ne parle plus haut de la » sagesse et de la providence du créateur.

» Nulle autre ne nous révèle plus clairement » ses intentions, et ne nous enseigne mieux » ce qu'il a voulu que nous fissions de la » puissance qu'il nous a concédée[1] ». Reid, donc, suivant en ceci les traces de Hutcheson, se garde bien d'identifier la psychologie à l'idéologie. En face des facultés intellectuelles, principe de pensée pure et indifférente à l'action, il reconnaît et place les facultés morales et volontaires, ou principes d'action, et embrasse ainsi dans cette vaste dualité tous les éléments et toutes les puissances de l'esprit humain.

En rapprochant le système de Reid de celui de Hutcheson, il est aisé d'apercevoir leurs rapports de ressemblance et de dissimilitude. Les différences y sont bien moins nombreuses, et surtout bien moins importantes que les ressemblances. Il est évident que Reid a emprunté à Hutcheson non-seulement toutes les bases de ses divisions, mais encore une partie de leurs développements, de leurs déductions pratiques, et même le plus grand nombre des puissances ou facultés admises par ce philosophe. Aussi, à proprement dire, ce n'est pas Reid, comme

---

[1] T. 6, p. 4, de la traduction de M. Jouffroy.

on le croit trop communément chez nous, c'est Hutcheson qui est le père de l'école écossaise. Mais si Reid n'a pas la gloire d'avoir fondé cette école, il a du moins, et à un très-haut degré, le mérite d'avoir admirablement développé la doctrine contenue en germe dans les écrits de Hutcheson. D'abord, aux principes d'action reconnus et énumérés par Hutcheson, Reid ajoute les principes mécaniques, sous les titres généraux d'instincts et d'habitudes. Puis, il groupe et rapproche les facultés actives et morales déjà admises par Hutcheson; il en fond quelques unes ensemble, il en dédouble d'autres, il trace les cadres généraux des appétits, des désirs, des affections, des principes rationnels d'action, et, pour ce qui est de ces derniers, distingue avec plus de clarté que ne l'avait fait son devancier, le sens du devoir [1] d'avec celui de l'intérêt bien entendu, enfin il donne à tout cet ensemble plus d'unité et d'harmonie. Quant à la catégorie des facultés intellectuelles, il distingue, avec bien plus de lucidité qu'on ne l'avait fait avant lui, la perception d'avec la sensation; il combat victorieusement l'hypothèse de l'idée représen-

[1] T. VI, p. 152 de la traduction de M. Jouffroy.

lative; il réfute la théorie de Locke sur le jugement; il met au grand jour toute l'absurdité du scepticisme en matière de premiers principes, et, à cette occasion, il dresse la liste des croyances du sens commun[1]. Enfin, il ne suffisait pas à Reid d'avoir établi en face les unes des autres et sur deux lignes parallèles les facultés intellectuelles et les facultés actives; car, s'il est permis à la science d'envisager analytiquement les diverses puissances de l'esprit, il n'en est pas moins vrai que, dans la réalité de la vie psychologique, leur exercice à toutes se mêle et se combine. C'est ce que Reid a parfaitement compris, et ce qu'il a très-lucidement indiqué quand il a dit : « Les facultés de l'en-
» tendement et de la volonté se distinguent
» facilement dans l'esprit ; mais il arrive
» très-rarement, si jamais même il arrive,
» qu'elles soient divisées dans l'action. Dans
» presque toutes les opérations de l'esprit
» qui ont un nom dans le langage, et peut-
» être même dans toutes, les deux ordres
» de facultés interviennent, et nous sommes
» à-la-fois intelligents et actifs[2]. » Un der-

---

[1] Voir, sur ce dernier point, la note (*a*) à la fin du volume.

[2] T. v. p. 399 de la traduction de M. Jouffroy.

nier mérite encore, que nous ne saurions passer sous silence, c'est que Reid ne s'est pas contenté de déterminer l'existence de tels ou tels pouvoirs intellectuels ou volontaires; il a décrit, avec les détails les plus précis et les plus conformes à la réalité, l'exercice de chacune de ces puissances, en les prenant, pour ainsi dire, à leur naissance, et en les suivant ainsi à travers les phases successives de leur accroissement jusqu'au point le plus élevé de leur développement. « Toutes les » facultés humaines, dit-il, ont leur enfance » et leur maturité..... Les facultés que nous » partageons avec les brutes se dévelop- » pent en nous plus tôt que la raison. Mais, » quand tout le développement intellectuel » de l'homme est achevé, l'influence des cir- » constances extérieures, l'éducation, l'in- » struction, l'exemple, la pratique, ne sau- » raient faire naître en nous de nouvelles » facultés; nous n'en aurons jamais d'autres » que celles que Dieu nous a données [1]. »

Avec Reid, la psychologie nous semble avoir atteint, nous ne disons pas son perfectionnement suprême (car toute science est

---

[1] *Passim*, et notamment t. VI, p. 170 de la traduction de M. Jouffroy.

indéfiniment progressible), mais le point où il lui fallait arriver pour pouvoir prendre rang parmi les sciences bien faites. Loin d'être encore à naître, ou seulement dans son enfance, ainsi que se plaît à le proclamer un physiologisme intolérant et exclusif, la psychologie est aujourd'hui constituée aussi solidement, plus solidement peut-être, qu'aucune de ces sciences naturelles dont on nous prône chaque jour la supériorité. D'abord, le champ d'observation sur lequel Reid a basé son système des facultés est aussi étendu qu'il est possible qu'il le soit, puisqu'il va du sentiment le plus obscur des actes mécaniques, de l'instinct et de l'habitude, jusqu'aux actes les plus éminemment intellectuels ou moraux, à savoir, le raisonnement et la notion du devoir. Ensuite, dans ses divisions et ses subdivisions, le système de Reid offre cette ascension croissante qu'on observe dans la réalité quant au développement successif, de plus en plus moral et rationnel, des facultés humaines. Enfin, je ne sais si je m'abuse, mais il me semble très-peu possible de rien ajouter d'important à ce cadre, ainsi qu'à ses divisions ou subdivisions, et même d'en changer les dispositions et les rapports, du moins en ce qu'ils offrent de capital. Toutefois,

prenne et s'accomplisse, nous croyons pouvoir maintenir et reproduire notre assertion, en répétant que, depuis Hutcheson et Reid, la psychologie est constituée à l'état de science; et de même que la possibilité, la certitude même de progrès ultérieurs n'est pour personne un motif de refuser le nom de science à la physiologie, à l'anatomie, à l'histoire naturelle, de même aussi, de ce que la psychologie est indubitablement appelée à progresser, il ne suit nullement que ce qu'elle a fait jusqu'ici doive être regardé comme non-avenu et compté pour rien. Sans doute, après tout ce qu'ont fait en Ecosse Hutcheson et Reid, et sur leurs traces, en France, MM. Royer-Collard, Cousin et Jouffroy, il reste encore à la psychologie une vaste voie à parcourir; mais la préoccupation de l'avenir ne saurait être un motif de lui dénier l'actuel.

Un dernier caractère nous reste à signaler dans l'école écossaise, et nous y sommes conduits naturellement par les considérations qui précèdent. L'école écossaise, avons-nous dit, a créé et constitué à l'état de science la psychologie. Mais quels moyens l'ont conduite à ce résultat? C'est ce qu'il faut examiner.

Le psychologie n'était possible qu'à une

seule condition, à savoir, d'appliquer à l'étude de l'élément moral de l'homme, la méthode d'investigation qui avait été employée avec tant de succès dans la philosophie naturelle. C'est ce que sut comprendre l'école écossaise, et dès qu'elle l'eut compris, elle se mit à l'œuvre. Étudions la morale comme la physique, avait dit Pope. « Si la philosophie » naturelle, avait dit Newton [1], en suivant la » méthode expérimentale, finit par atteindre » le perfectionnement de ses diverses parties, » les limites de la philosophie morale seront » aussi reculées. » Le précepte de Pope et de Newton devint la règle de conduite de Hutcheson et de Reid. Frappés des admirables progrès qu'avaient fait les sciences physiques sous Newton, Torricelli, Galilée, ils entreprirent d'arriver par les mêmes voies au même résultat dans la sphère de la science morale; en d'autres termes, ils transportèrent dans la philosophie de l'esprit humain la méthode qui avait valu à la philosophie naturelle de si merveilleux perfectionnements. Quelle était donc cette méthode, et quels éléments la constituaient? Nous allons, en peu de mots, essayer de le décrire.

---

[1] *Optiq.*

A la fin du XVIe siècle, en Angleterre, un puissant génie avait paru, qui avait tenté et opéré une réforme scientifique. Sans travailler spécialement à aucune science, François Bâcon avait imprimé une direction nouvelle à toutes les sciences; et, comme il le dit lui-même en son langage métaphorique, il n'était pas venu éclairer telle ou telle partie du temple, mais allumer un grand flambeau qui illuminât tout l'édifice. Bâcon avait créé mieux qu'un système; il avait créé une méthode. Répudiant l'hypothèse, qui avait vicié toutes les sciences dans leur source, il avait proclamé comme condition indispensable de succès la méthode expérimentale, constituée de deux éléments, l'observation et l'induction. Rechercher et constater des faits au moyen d'une attention patiente, scrupuleuse, impartiale; sur ces faits ainsi constatés et recueillis en nombre suffisant, ériger des lois par un procédé de généralisation comparative; s'élever graduellement des lois inférieures aux lois supérieures; puis enfin, de ces lois ainsi obtenues descendre à des applications, telle est, résumée en quelques mots, la méthode de Bâcon. Or, l'on voit qu'il y a tout un ordre de sciences auxquelles cette méthode était parfaitement applicable. Les sciences, en effet, peuvent se diviser en deux grandes classes, non pas arbitrairement, mais d'après leur nature même. Il y a les sciences de raisonnement, comme les mathématiques, la théodicée, la morale; puis les sciences de faits, à savoir, la philosophie naturelle dans ses immenses variétés, et la philosophie de l'esprit humain. Or, si les sciences de la première de ces deux catégories s'accommodent de la méthode déductive, dont Aristote[1] a si admirablement posé les règles, les sciences de la seconde catégorie réclament impérieusement l'adoption de la méthode expérimentale, c'est-à-dire, de la méthode d'observation et d'induction, dont Bàcon, en son *Novum organum*, a si lucidement tracé les lois. La philosophie naturelle, qui, par des causes inhérentes à la constitution même de l'esprit humain, a toujours pris l'avance sur la philosophie morale, fut la première à s'emparer de la méthode expérimentale, et, en peu de temps, elle lui dut de magnifiques succès. Les résultats obtenus par Galilée, par Torricelli, par Newton, par Boyle, partant d'autres illustres savants, devaient, tôt ou tard, sug-

[1] *Analyt.*

gérer aux métaphysiciens l'idée d'appliquer à l'étude de l'esprit humain la méthode qui avait valu aux sciences naturelles de si rapides et de si brillants progrès. En effet, bien qu'en son *Novum organum* Bâcon eût surtout emprunté ses exemples aux sciences physiques, il avait, néanmoins, formellement déclaré [1] que sa méthode ne devait pas seulement s'appliquer aux sciences naturelles, mais encore à toutes les sciences. D'ailleurs, quelle qu'eût pu être la pensée de Bâcon à cet égard, il était évident que cette application était tout aussi légitimement praticable dans l'ordre psychologique que dans l'ordre physique. En effet, le for intérieur est, comme le monde physique, le théâtre de toute une variété de phénomènes, qui peuvent s'observer, se constater, se décrire. Que l'instrument d'observation ne soit pas le même de part et d'autre, que cet instrument soit, d'un côté, la perception extérieure, de l'autre côté, la conscience réfléchie, c'est ce qui se conçoit à merveille, puisque les faits à observer ne sont pas de la

---

[1] At nos certi de universis hæc quæ dicta sunt intelligimus ; atque quemadmodùm vulgaris logica, quæ regit per sylloginum, non tantùm ad naturales sed ad omnes scientias pertinet, ità et nostra, quæ procedit per inductionem, omnia complectitur. (*Novum organum*, l. 1, aphor. 127.)

même nature, et ne se passent pas sur le même théâtre. Mais, à part cette différence, rien n'empêche de constater par l'observation les phénomènes de l'esprit humain, pour en déterminer ensuite les lois par l'induction, avec une certitude non moins entière que celle qui s'attache à la découverte des faits de la nature physique, et à la détermination des lois du monde matériel. Il était donc possible de faire pour l'esprit humain ce que Boyle, Newton, Torricelli, Galilée, avaient fait pour le monde physique, et cette tâche, entreprise avec ardeur et succès par Hutcheson, fut poursuivie avec des résultats bien plus complets encore par Reid. Le professeur d'Aberdeen[1] ne se dissimula pas toutes les difficultés qui s'attachent à l'étude des phénomènes et des opérations de l'esprit, et ces difficultés, qui depuis ont été si souvent exagérées par le préjugé ou la mauvaise foi, il les expose lui-même avec une naïve candeur et une admirable franchise[2]. Il les ramène à quatre principales : 1° Les opérations de l'esprit sont en très-grand nombre, et elles

---

[1] Reid avait été professeur à Aberdeen avant de l'être à Glascow.

[2] Voir, au tome 3 des Œuvres complètes (traduction de M. Jouffroy), le chapitre intitulé : *Des difficultés d'étudier les opérations de l'esprit.*

se succèdent trop vîte pour que chacune d'elles obtienne une attention suffisante; 2° pour nous observer nous-mêmes, nous sommes obligés de surmonter les habitudes les plus invétérées; car, depuis l'enfance, les objets des sens occupent exclusivement notre attention, et prennent sur elle un empire puissamment défendu par l'habitude, et dont il n'est pas facile de les déposséder; 3° il est dans la nature des opérations de l'esprit de diriger l'attention vers quelqu'autre objet. Dans la perception, la mémoire, le jugement, l'imagination et le raisonnement, il y a un objet distinct de l'opération, et c'est cet objet que nous considérons, et non l'opération elle-même. Nos passions, nos affections, toutes nos facultés actives ont de même leurs objets qui s'emparent de notre attention, et la détournent du fait extérieur; 4° enfin, lorsque l'ame est agitée par une passion, si nous détournons notre attention de l'objet pour la porter sur la passion, celle-ci s'évanouit et échappe à notre examen, et ceci s'applique à presque toutes les opérations de l'esprit. » Ce sont les paroles mêmes de Reid que nous venons de citer ici, et, certes, il était difficile à un psychologue de convenir avec plus de bonne foi des obstacles que présente la philosophie de l'esprit humain; mais ces obstacles, quels que graves qu'ils soient, ne sont pas insurmontables. Aussi, après avoir exposé, sans les affaiblir en rien, les difficultés qui se rencontrent dans l'étude des opérations de l'esprit, Reid expose et décrit[1] les vrais moyens d'entreprendre et de conduire à bonne fin cette étude. Ces moyens sont : d'abord la réflexion ou l'observation attentive des opérations de notre propre esprit; puis le langage, image de la pensée, à l'aide duquel, par conséquent, nous pouvons connaître ce qui se passe en l'esprit d'autrui; enfin les actions et la conduite des hommes, car, ainsi qu'il le fait observer, les actions des hommes sont des effets dont leurs sentiments, leurs pensées, leurs affections sont les causes, et, dans beaucoup de cas, nous pouvons juger des causes par les effets. Mais, parmi ces diverses sources de renseignements sur l'esprit humain, la source principale, celle que Reid signale comme la plus féconde, c'est la réflexion, c'est-à-dire, ce pouvoir de l'entendement de se replier sur ses propres opérations, ou, du moins, sur le souvenir qu'il en a conservé, et, moyennant

---

[1] T. 3, ch. 5 des Œuvres complètes publiées par M. Jouffroy : *Des vrais moyens de connaître les opérations de l'esprit.*

ce souvenir, d'y appliquer son attention, et de les examiner sous toutes leurs faces. Concurremment à tous ces divers moyens, il en est un qui les enveloppe et les résume tous, et sur l'emploi duquel Reid insiste avec une infatigable persévérance, c'est l'emploi constant de la méthode expérimentale. Reid a horreur des hypothèses, et a consacré un chapitre entier[1] de son livre à les anathématiser. Le *Novum organum* de Bâcon, les *Regulæ philosophandi* de Newton, voilà le double guide qu'il suit avec une inébranlable constance, et qu'il ne perd pas un seul instant de vue.

C'est grâce à l'adoption de cette méthode que la philosophie de l'esprit humain put enfin sortir de la voie des hypothèses où le moyen-âge l'avait tenue engagée pendant huit siècles, et qu'on vit surgir dans la sphère des investigations relatives à la nature morale, une science expérimentale analogue à celle qu'avaient créée dans l'ordre physique Newton, Torricelli, Galilée. La psychologie est née de l'application de la méthode expérimentale à l'étude des phénomènes du for intérieur. Cette méthode, c'est à Bâcon qu'en revient la gloire; mais cette application c'est

[1] T. 3, ch. 3.

à Hutcheson et à Reid qu'il faut en rapporter le mérite.

L'école écossaise avait eu sa psychologie avec Hutcheson [1] et Reid [2]. Elle eut ensuite sa morale avec Beattie, sa politique avec Ferguson, son économie avec Smith, sa théologie avec Oswald [3]. Puis, quand elle eut achevé de parcourir le cercle entier de la philosophie morale, apparut Dugald-Stewart, qui vint résumer tous les travaux de ses devanciers.

James Oswald [4] s'attacha surtout à réfuter Hume en ce que les doctrines de ce philosophe pouvaient avoir d'hostile à la religion, et ce fut sur la base du sens commun que le théologien écossais entreprit de rétablir les vérités religieuses.

Ferguson [5], dans ses *Principes de science*

---

[1] Francis Hutcheson, né en Irlande en 1694, professeur à Glascow en 1729, mort en 1747. — *System of moral philosophy in three books*, etc.

[2] Thomas Reid, né en 1710, à Strachan, dans le Kincardineshire, mort en 1796, successivenent professeur à Aberdeen et à Glascow. — *An inquiry in to the human mind, on the principles of common sens.* — *Essays on the intellectual powers of man.* — *Essays on the active powers of man*, etc.

[3] Nous ne mentionnons ici que les noms principaux.

[4] Membre du clergé d'Ecosse. — *Appeal to common sense in behalf of religion.* Edimb., 1766-1772, 2 vol. in-8°.

[5] Né en 1724, mort en 1816. — *An Essay on the history of civil society.* — *Principles of moral and political science.*

politique et ses ***Essais sur la société civile***, remonte aux bases mêmes de l'état social, que quelques publicistes, et notamment Rousseau, avaient essayé d'ébranler. Contre l'éloquent sophiste de Genève, Ferguson fait appel aux instincts les plus irrésistibles de notre constitution morale. Le désir de société est inné à l'homme, et tout en nous dépose de cette innéité : notre horreur de la solitude, notre désespoir quand nous venons à être isolés du commerce de nos semblables, notre penchant à combler le vide qui résulte de cet isolement en prenant pour compagnons des animaux et en nous attachant même à des objets inanimés. Loin donc que l'état de société ne soit pas selon la nature, c'est, au contraire, l'état sauvage qui serait un état contre nature, et c'est ce que Ferguson a parfaitement établi.

Adam Smith [1] a écrit tout-à-la fois sur la morale et sur l'économie politique. A la mo-

---

[1] Né à Kirkaldy, en 1723, mort en 1790. — Ses principaux écrits sont : 1° *Inquiry in to the nature and causes of the wealth of nations*. Lond., 1776, 2 vol. in-4° ; trad. en français par Blavet, 1800, 4 vol. in-8°, et plus tard (1822), par Germain Garnier, 6 vol. in-8°, avec une préface et des notes. 2° *Theory of the moral sentiments*. Lond., 1790, 2 vol. in-8° ; trad. en allemand par Kosegarten, avec un commentaire, Leipzig, 1791, et en français par Mme de Condorcet. 1792.

rale, il donne pour base la sympathie, dont il fait ensuite dériver comme conséquences les diverses vertus, qu'il partage en deux grandes catégories, les vertus aimables et les vertus austères. Sans nous attacher à signaler tout ce qu'il peut y avoir d'arbitraire dans une semblable classification, nous allons droit au principe établi par Smith comme base de la morale, et nous nions que la morale puisse se fonder sur la sympathie. Quelles sont en effet les conditions requises par la raison pour qu'un principe puisse être érigé en règle de morale? Une double condition nous paraît nécessaire, à savoir, l'immutabilité, l'impérativité. Or, la sympathie réunit-elle ces deux conditions? C'est à l'observation psychologique qu'il le faut demander. Nous jugeons-nous obligés de sympathiser avec tel ou tel de nos semblables? Il ne saurait y avoir obligation que là où il y aurait au préalable possibilité permanente et constamment dépendante de notre libre arbitre. Or, il ne dépend pas de nous de sympathiser à volonté, au gré de notre libre arbitre, et dans tel instant de la durée qu'il plairait à notre détermination de fixer, avec tel ou tel de nos semblables. La sympathie est une affection qui n'est pas aux ordres du vouloir. Donc, il n'y a rien en elle d'obligatoire et d'impératif. Donc, le premier des deux caractères requis par la raison pour constituer une véritable règle morale lui manque absolument. Le second de ces caractères lui est également refusé. En effet, la sympathie participe du caractère de mobilité que le sens intime nous révèle en toutes nos affections. Elle naît et meurt, croît et décroît, persiste ou s'altère, change non-seulement en degré, mais même en nature, puisque parfois elle fait place au sentiment qui lui est le plus directement opposé. Ainsi, pas plus d'immutabilité que d'impérativité; par conséquent, absence totale des conditions qui peuvent constituer une véritable règle morale. Est-ce à dire que la sympathie soit dépourvue de toute influence sur nos actes moraux? Elle est, au contraire, un des mobiles les plus puissants et les plus fréquents de notre conduite morale. Il y a plus; elle est pour le principe moral par excellence, à savoir, l'idée du bien, un puissant auxiliaire; car jamais le devoir ne devient plus aisé à accomplir que lorsque nous y sommes portés tout-à-la-fois par l'injonction de la raison et par les suggestions de la sensibilité. Voilà ce qui a pu induire Smith en erreur, et le porter à confondre ce qui n'est qu'un principe secondaire et purement auxiliaire avec la véritable règle morale. Or, cette confusion, absolument fausse au point de vue psychologique, devient plus évidemment vicieux encore si on l'envisage dans ses résultats et au point de vue pratique. Car s'il était vrai que le devoir dérivât de la sympathie, il s'ensuivrait rigoureusement que là où il n'y aurait pas sympathie il n'y aurait lieu à aucun devoir, et que le devoir participerait de toutes les variations et altérations que pourrait subir l'affection bienveillante. La raison et le sens commun réprouvent de telles conséquences, et pourtant ces conséquences découlent directement du principe posé par Smith.

Si la morale de Smith ne nous paraît pas basée sur un principe vrai, son économie politique ne nous semble pas assise sur des fondements plus solides. Voici, sommairement exposés, les principes les plus généraux sur lesquels repose sa théorie : « Le travail est la source de la richesse. — Le travail peut être productif ou improductif. — Il n'y a de travail productif que le travail matériel, c'est-à-dire, celui qui se fixe et se réalise sur une chose vénale, laquelle dure au moins quelque temps après que le travail a cessé. — Le travail doit être dégagé de toute espèce d'entraves. —

L'intervention de l'état est funeste. — L'état doit se borner à protéger le travail, en laissant à la concurrence une libre carrière, au commerce intérieur et extérieur une indépendance complète, sans le gêner par un système de prohibitions. » Or, ces divers principes sont-ils vrais et acceptables? Nous ne le pensons pas. Et d'abord, il nous semble faux de dire que le travail soit la source unique de la richesse, et Smith nous paraît être tombé ici en une erreur commune à tous les économistes qui ont recherché l'unité là où il fallait reconnaître et accepter la diversité. La richesse, avaient dit les uns, avec Thomas Mun, c'est le numéraire; augmentez le numéraire, et vous enrichirez la nation. — Vous prenez la fiction pour la réalité, s'étaient écriés Quesnay et les encyclopédistes. Qu'est-ce que le numéraire? Rien qu'un signe représentatif. La source unique de la richesse, c'est la terre; et le véritable, le seul moyen d'enrichir une nation, c'est l'agriculture. Entre ces deux doctrines divergentes, Smith était venu en proposer une troisième, non moins exclusive que les deux autres, puisqu'elle constituait le travail comme base unique de la richesse. Où était la vérité? Partout et nulle part. En effet, tous avaient raison en adoptant un principe vrai en lui-même, et tous se trompaient en s'obstinant à poser ce principe comme base unique de leur théorie, à l'exclusion de tout autre. La terre est évidemment la première source de la richesse, car tout en vient, et Quesnay nous paraît être remonté au principe véritablemeut fondamental; mais, comme principe auxiliaire, il faut bien, avec Smith, reconnaître le travail, qui fait produire à la terre tout ce qu'elle peut rendre, et opère ensuite sur ces produits; et, en troisième lieu, comme élément accessoire, il faut bien, avec Thomas Mun, reconnaître aussi le numéraire, signe représentatif du sol, de ses produits directs, de ses produits façonnés et transformés par l'industrie, et enfin moyen d'échange. La richesse n'a donc pas un élément unique. En réalité, plusieurs causes, bien que ne jouissant pas toutes d'une importance égale, concourent à la créer et à la constituer, et Smith s'est placé à un point de vue qui avait le double défaut d'être exclusif et de n'être pas le point de vue capital. Quant à la prétention affichée par Smith et les économistes de son école, d'interdire à l'état toute espèce de contrôle et de prohibition sur le commerce intérieur ou extérieur, elle nous paraît absurde en principe et funeste dans ses conséquences. En principe, il appartient à l'état d'organiser la société dans chacune de ses diverses fonctions; c'est à-la-fois son droit et son devoir. La maxime *laissez faire, laissez passer,* que les économistes de l'école de Smith et de Malthus ont inscrite sur leur bannière, est un principe désorganisateur. En consacrant l'abolition de tout réglement prohibitif et la concurrence sans frein, il consacre en même temps l'anarchie dans l'industrie et le commerce, et, comme inévitables conséquences, l'encombrement des produits, la réduction de travail et de salaire, la misère des classes laborieuses, enfin, en résultat dernier, le désespoir d'hommes affamés qui, cédant tout-à-la-fois à l'impulsion du besoin et à de criminelles suggestions, descendent en armes sur la place publique, déterminés à mourir en combattant, puisqu'ils ne peuvent vivre en travaillant [1].

Après Hutcheson et Reid, après Oswald, Ferguson et Smith, Dugald-Stewart vint résumer, avec élégance et précision, les travaux antérieurs de l'école écossaise. Esprit exact

---

[1] On se rappelle que ce fut là le mot d'ordre de l'insurrection lyonnaise en 1832.

et judicieux, mais, dépourvu d'originalité, Dugald-Stewart [1] reproduisit en psychologie les doctrines de Hutcheson et de Reid. A l'exemple de ces philosophes, Dugald-Stewart partage les facultés de l'esprit humain en deux classes, d'une part, les facultés intellectuelles, d'autre part, les facultés morales ou actives. Toutes les facultés intellectuelles reconnues par Reid, à savoir, la conscience, la perception, le jugement, le raisonnement, l'abstraction, Dugald-Stewart les reconnaît également, en tenant compte, en plus, de quelques capacités que développe en notre intelligence le genre particulier d'études ou d'affaires auquel nous nous livrons, comme, par exemple, le génie poétique, musical, mathématique. En outre, l'attention, dont Reid avait fait un mode d'exercice des facultés actives, est placée par Dugald-Stewart au nombre des facultés intellectuelles. L'imita-

---

[1] Né en 1753, mort en 1828. Ses principaux écrits sont : *Elements of the philosophy of the human mind*, 2 vol. — *Preliminary dissertation to the supplement to the Encyclopedia britannica, exhibiting a general view of the progress of metaphysical, ethical, and political philosophy, since the revival of letters in Europe*, 2 vol, trad. en français par M. Buchon. — *Philosophy of the active and moral powers of man*, 2 vol., trad. en français par M. Léon Simon. — *Outlines of moral philosophy for the use of students in the university of Edimburgh*, 1 vol., trad. en français par M. Jouffroy.

tion, dont Reid avait fait un instinct, est considérée par Dugalt-Stewart comme un principe intellectuel. L'imagination, que Reid n'avait pas nominativement signalée, vient, chez Dugalt-Stewart, prendre place parmi les facultés spéciales et *sui generis*, ainsi que l'association des idées que Reid a omise, bien que Locke en eût déjà traité dans son *Essai sur l'Entendement humain*. Quant à la catégorie des facultés actives, tout est, chez Dugalt-Stewart, emprunté à Reid, divisions, subdivisions, dénominations, sauf quelques imperceptibles différences, dont une seule peut-être mérite d'être signalée, et qui consiste en ce que Dugald-Stewart ne descend pas, comme Reid, jusqu'aux principes mécaniques d'action, à savoir, les instincts et les habitudes, mais prend son point de départ dans les appétits, pour s'élever de là aux désirs, aux affections, à la faculté morale, au libre arbitre. Héritier de doctrines déjà établies et d'une science toute constituée, Dugald-Stewart n'avait plus qu'à résumer et à simplifier, et il l'a fait avec une rigueur et une lucidité qui accuse en lui le mathématicien [1] sous les dehors du psychologue.

---

[1] Dugald-Stewart professa d'abord les mathématiques, de 1772 à

Beattie [1] (dont, chronologiquement, le nom devait se placer immédiatement après celui de Reid, mais dont nous nous sommes réservés de parler en dernier lieu, parce qu'il fallait en parler avec plus de développements), Beattie écrivit tout-à-la-fois sur la psychologie, la logique et la morale; mais, le moraliste efface en lui le logicien et le psychologue [2]. Son but est plutôt d'application que de théorie, et ce qu'il se propose principalement, c'est de faire servir la doctrine du sens commun à la défense et à la propagation des vérités morales et religieuses, ébranlées par le scepticisme de Hume. Dans cette vue, il entreprend d'asseoir sur la base du sens commun la philosophie morale et la théologie naturelle; et parmi les diverses questions qu'il aborde et qu'il tente de résoudre, se rencontrent les problèmes les plus importants

---

1785, dans l'université d'Edimbourg. A cette époque seulement, il passa à la chaire de la philosophie morale.

[1] Voir plus loin sa biographie.

[2] Les *Elémens de science morale* de J. Beattie se composent ainsi qu'il suit : Psychologie. — Théologie naturelle, avec un appendice sur l'immatérialité et l'immortalité de l'ame. — Philosophie morale, comprenant l'éthique, l'économique, la politique. — Logique. Dans la traduction que nous entreprenons de cet ouvrage, nous avons laissé de côté la psychologie et la logique; mais nous avons traduit intégralement, et nous osons croire l'avoir fait avec fidélité, la philosophie morale et la théologie naturelle.

et les plus graves, tels que celui de la nature du devoir et du fondement de la morale; celui des devoirs religieux, sociaux, individuels, domestiques, politiques; enfin, la question de l'existence et des attributs de Dieu, et celle de l'immatérialité et de l'immortalité de l'ame. Qu'il nous soit permis de nous arrêter un instant sur quelques unes de ces questions, et d'indiquer, en peu de mots, le caractère de la solution que Beattie apporte à chacune d'elles.

La question des devoirs spéciaux présuppose la question du devoir envisagée généralement et en dehors de telle ou telle application. Or, demander si le devoir existe, c'est demander si, parmi les principes qui président à nos actes, il en est un qui puisse être érigé en règle de morale, et c'est ici une question de psychologie, car le problème ainsi posé ne peut se résoudre qu'au moyen des données fournies par le sens intime. Les principes qui président à nos actions sont divers et multiples; mais, nonobstant cette multiplicité, et en vertu de certains caractères communs, ils peuvent être ramenés à deux ordres généraux : mobiles passionnels, mobiles rationnels. Dans le premier de ces deux ordres viennent prendre place l'amour de soi à tous ses degrés, le penchant dans toutes ses variétés, la sympathie, les affections bienveillantes ou malveillantes, les désirs de toute espèce; dans le second ordre se range l'idée du bien, qui n'est pas un phénomène sensible, mais bien un phénomène intellectuel de l'ordre le plus relevé, et que nous appelons mobile rationnel, parce que cette idée a son origine dans la raison, degré suprême de l'intelligence. Maintenant, le mobile rationnel et le mobile passionnel ont-ils une égale importance, ou l'un des deux posséderait-il une valeur dont l'autre serait dépourvu? C'est encore le sens intime qu'il faut interroger ici. Or, que nous répond-il sur la question qui nous occupe? Il nous révèle comme caractères spécifiques de ce principe l'immutabilité et l'impérativité, et, dans le mobile passionnel, au contraire, les caractères opposés, à savoir, la variabilité et l'absence d'obligation. Or, entre deux principes, dont l'un est invariable et impératif, et l'autre destitué de ce double caractère, peut-il y avoir doute en ce qui concerne leur importance relative? Non, assurément. Les mobiles passionnels le cèdent donc en valeur au mobile rationnel, et ce dernier seul peut et doit être érigé en règle de morale, puisque seul il possède la double condition constitutive de toute véritable règle, à savoir, l'immutabilité et l'impérativité. L'idée du bien, comme toutes les idées nécessaires, dérive de la raison ; et cette fonction spéciale de la raison, à l'exercice de laquelle nous devons la notion du bien, l'idée d'obligation, la distinction du juste et de l'injuste, la perception du mérite et du démérite, nous l'appelons *raison morale*. Beattie lui donne le nom de *conscience morale*, usant en ceci d'une dénomination préférable à celle qu'avait adoptée Hutcheson en appelant *sens moral* cette puissance qui est en nous, de distinguer le juste d'avec l'injuste. Le nom, au reste, importe assez peu ici, pourvu qu'on reconnaisse la chose, et Beattie la reconnaît formellement. La conscience morale, c'est-à-dire cette faculté de distinguer le juste d'avec l'injuste, lui paraît revêtue du caractère d'universalité, quant au temps et quant au lieu ; et, en cet ordre de choses, il n'a pas de peine à réfuter Locke, qui avait essayé, en citant l'exemple des enfants et des sauvages, d'infirmer l'argument tiré de l'universalité de la conscience morale. Appuyé sur cette base, Beattie aborde ensuite la question des devoirs spéciaux qu'il divise en trois ordres : 1° devoirs envers

Dieu, qu'il résume tous dans la piété; 2° devoirs envers nos semblables, la justice, la charité, la véracité; 3° devoirs envers notre propre nature, qu'il subdivise en trois catégories, suivant qu'ils sont relatifs à la conservation de notre corps, au développement de nos puissances intellectuelles, au perfectionnement de notre nature morale.

La question du devoir, en général, et celle de ses diverses applications, constituent cette partie de la philosophie morale que Beattie, adoptant en ceci l'antique dénomination, appelle *éthique*. Le philosophe écossais aborde ensuite *l'économique,* c'est-à-dire cette partie de la philosophie morale qui traite des rapports de l'homme dans la société de famille et dans la société domestique, et ces considérations le conduisent naturellement à examiner la question de l'esclavage.

Il y a, dans la question de l'esclavage, deux côtés à considérer: le fait et le droit. En droit, cette question est depuis long-temps résolue par la négative. En fait, l'affirmative s'est maintenue jusqu'à nos jours. La cause de cette étrange anomalie entre le droit et le fait, consiste en ce qu'au premier de ces deux points de vue c'est la raison seule qui prononce, tandis qu'au point de vue du fait c'est l'intérêt qui décide. Laissons quelques délégués des colonies, apologistes éhontés d'un odieux système, accomplir un mandat largement rétribué par les propriétaires d'esclaves; nonobstant tous leurs sophismes, la cause de l'émancipation peut être considérée comme gagnée aux yeux de la raison, grâce aux travaux de nos publicistes et aux éloquentes protestations parties de la tribune parlementaire; et, comme l'a dit un homme d'état[1]: « On peut différer d'avis sur les moyens, sur l'époque de l'extinction de l'esclavage; mais tout le monde sent qu'il ne peut durer. » — Sur cette question, comme sur plusieurs autres, Beattie prit sa place parmi les hommes de progrès. Il accuse l'esclavage d'être impie et immoral, et de répugner tout-à-la-fois à la raison et à la religion. Il réfute Aristote, qui, au premier livre de sa *Politique*, avait dit que, parmi les hommes, les uns sont destinés par la nature à être maîtres, les autres à être esclaves. Il remonte à l'origine de l'esclavage ancien et moderne. Il réclame avec énergie contre la traite des nègres, et réfute l'argument de

---

[1] M. Rémusat, *Rapport sur le sort des esclaves dans les colonies françaises*.

ceux qui prétendent ériger ce trafic en une sorte de nécessité gouvernementale. Il établit que des serviteurs libres peuvent être employés dans les colonies à la culture des terres et aux travaux des manufactures, à moins de frais que les esclaves, et ajoute, pour le cas où cette possibilité lui serait contestée, qu'après tout, les produits coloniaux ne sont pas indispensables à notre existence. Enfin, il réfute l'argument tiré de la prétendue infériorité de la race noire par rapport à la nôtre, et réclame une amélioration dans la condition des nègres, si des obstacles sérieux s'opposent réellement à leur émancipation immédiate. Toute cette partie du livre du moraliste écossais est écrite sous l'inspiration de la plus vive et de la plus louable philanthropie.

L'économique, dans l'ordre des écrits de Beattie, est suivie de la *politique*. C'est aller de la société domestique à la société civile. Celle-ci n'est ni moins naturelle ni moins nécessaire que la première, et Aristote l'avait compris, quand il a défini l'homme un être destiné à l'état social, ζώον πολίτικον. Or, l'existence de la société civile implique l'existence d'un système de lois, et, par conséquent, l'existence d'un gouvernement ; car ce sont là trois idées corrélatives. La forme du gouvernement varie suivant les nations, les époques et les circonstances, et demander d'une manière absolue quelle est la meilleure forme de gouvernement, c'est poser une question à laquelle il ne saurait y avoir de réponse. Un tel problème ne serait susceptible de solution qu'autant qu'on le dépouillerait de son sens absolu pour lui imposer un sens relatif, et qu'on l'établirait sous cette forme : Etant donnée telle nation, avec l'indication précise de sa force numérique, de ses mœurs, de ses richesses, de l'étendue de son territoire, de sa position géographique, de ses institutions civiles, de ses rapports politiques avec les peuples voisins, de son degré de civilisation, enfin de ses antécédents historiques, déterminer quelle forme de gouvernement serait le mieux appropriée aux besoins actuels de cette nation. Or, l'on conçoit qu'un problème ainsi posé recevrait différentes solutions, non-seulement en ce qui concerne les différents peuples, mais encore en ce qui concerne le même peuple pris aux diverses époques de son existence politique. Néanmoins, comme sous la diversité, produit du concours d'une infinité de causes, se retrouve toujours l'unité, résultat d'une identité fondamentale dans la constitution intellectuelle et morale de l'humanité, les nations, dans leur existence politique, semblent assujetties à une loi commune de progression qui les fait aller du despotisme à la liberté, et de la liberté au despotisme, de telle sorte que l'enfance et la vieillesse des peuples soient, comme l'enfance et la vieillesse de l'individu, régies comme par une sorte de tutelle, et que leur jeunesse et leur virilité seules soient susceptibles d'émancipation. Ce point commun étant admis, à titre de loi, dans l'existence progressive des nations, il faut, à côté de l'unité, distinguer la diversité, laquelle consiste dans les différentes formes de gouvernement. Ces formes sont multiples, mais leurs éléments peuvent se réduire à trois : monarchie, aristocratie, démocratie, lesquels peuvent exister ou isolément, ou combinés deux à deux, ou combinés trois à trois, dans telles ou telles proportions qui assurent ou leur parfait équilibre, ce qui est très-difficile, ou la prépondérance d'un ou de deux éléments, ce qui est plus commun. Beattie ne dissimule pas sa préférence pour le gouvernement mixte, c'est-à-dire pour cette forme gouvernementale qui résulte de la combinaison des trois éléments mentionnés, et l'on y reconnaît le véritable patriote, sincèrement attaché à la constitution et aux lois de son pays. Une monarchie tempérée, consistant en un roi, une noblesse, des communes, et constituant ainsi un ensemble où tous, sans exception, et le roi lui-même, sont sujets de la loi, lui semble avoir l'avantage sur toute autre forme de gouvernement. Pour ce qui est, en particulier, de la démocratie pure, il la rejette, comme en désaccord avec la nature sociale de l'homme, et comme sujette à dégénérer promptement, soit en oligarchie, soit, plus fréquemment encore, en tyrannie. La démocratie pure ne lui paraît possible que dans un pays de peu d'étendue et peuplé d'agriculteurs accoutumés à une vie simple et frugale; encore pense-t-il qu'elle n'y saurait subsister que moyennant une parfaite similarité d'éducation et la proscription de toute espèce de commerce. Car, d'une part, dit-il, la dissimilitude d'éducation ne tarderait pas à constituer une classe d'hommes plus éclairés, par conséquent une aristocratie d'intelligence; et, d'autre part, le commerce, en attirant entre certaines mains une grande masse de numéraire, créerait une classe d'hommes plus opulents, c'est-à-dire une aristocratie de richesse.

A la philosophie morale, composée, ainsi qu'il vient d'être vu, de l'Éthique, de l'Economique, de la Politique, Beattie rattache quelques considérations relatives à l'existence et aux attributs de Dieu, ainsi qu'à la question de l'immatérialité et de l'immortalité de l'ame.

Nous nous élevons à Dieu par tout un ordre d'éternelles vérités dont l'ensemble constitue cette chaîne mystérieuse que Platon, des hauteurs de son idéalisme, appelle le médiateur entre l'intelligence divine et l'intelligence humaine. Nous allons à Dieu par le principe de causalité, par le principe des causes finales, par le principe de substance, par la double notion de l'immensité et de l'éternité. Le spectacle de l'harmonie qui règne au sein de l'univers matériel nous fait concevoir irrésistiblement une intelligence créatrice et ordonnatrice, et c'est ici l'application du principe de causalité et du principe des causes finales. D'autre part, la notion de temps infini et de l'espace infini, notion inhérente à notre intelligence, nous conduit, moyennant l'application irrésistible du principe de substance, à concevoir, par-delà l'immensité de l'espace et l'éternité de la durée, un être immense et éternel, c'est-à-dire un être infini, c'est-à-dire Dieu. Maintenant, que l'esprit humain ne se rende pas un compte exact de la nature et de l'essence de cet être infini, et le conçoive sans pouvoir se l'expliquer, qu'y a-t-il en ceci qui doive surprendre? L'esprit humain n'est-il pas limité, borné, fini, et le fini peut-il comprendre parfaitement et s'expliquer l'infini? Assurément non. Aussi, l'impossibilité où nous sommes de voir parfaitement clair en ce problème, ne saurait être pour nous un motif légitime de doute. Car, si l'infini est un mystère pour notre intelligence, la conception que nous en avons est en même temps une conception nécessaire, une de ces conceptions qui s'imposent irrésistiblement à la raison. Inexplicable, et cependant indéniable, tel est l'être infini pour l'intelligence humaine. Pour avoir la notion claire et distincte de l'infini, il faudrait pouvoir s'identifier avec lui; aussi, n'y a-t-il que Dieu qui puisse avoir la parfaite intelligence de lui-même. Pour nous, êtres bornés et imparfaits, nous savons que l'infini est, que Dieu est; mais il ne nous est pas donné de pénétrer la nature de l'infini et de Dieu; et même, lorsqu'il nous arrive d'arrêter trop long-temps notre attention sur ce redoutable problème, le vertige nous prend; notre raison éblouie, étourdie, accablée, chancelle et défaille, et bientôt, reconnaissant son impuissance, renonce à des efforts qui l'épuiseraient sans la satisfaire. C'est pourquoi, lorsque la philosophie aborde de si hautes et de si graves questions, la première chose qu'elle ait à faire, c'est de se bien pénétrer de l'impossibilité où se trouve pour toujours l'esprit humain, borné et fini qu'il est, de se rendre compte de l'illimité et de l'infini. Une fois ce point établi, que la philosophie accepte ce qu'elle ne peut pas ne pas accepter, mais aussi qu'elle ne tente pas d'expliquer ce qui sera toujours inexplicable. C'est dans cet esprit de sage circonspection et de légitime appréciation des forces humaines, que Beattie aborde la Théodicée, qu'il appelle la Théologie naturelle. Parmi les preuves de l'existence de Dieu, il semble insister préférablement sur l'argument tiré des rapports des moyens à la fin, ou principe des causes finales, et surtout sur l'argument tiré du consentement général de l'humanité; méthode parfaitement en rapport avec l'esprit général de la philosophie écossaise, qui, en toute question, en appelle en dernier ressort au sens commun.

Reste la double question de l'immatérialité et de l'immortalité de l'ame, que Beattie rattache à la théologie naturelle, et qu'il faut lui savoir gré d'avoir abordée sans hésitation. Nous ne sommes pas de ceux qui pensent que la question de l'immatérialité de l'ame soit un de ces problèmes dont on puisse remettre la solution à une époque ultérieure de la science. Un pareil ajournement ne serait pas sans péril. Il existe, entre la question de l'immatérialité de l'ame et celle de son immortalité, des liens trop intimes pour que l'abandon, fût-il même temporaire, de la première, ne devint pas compromettant pour la seconde. Trop de concessions, d'ailleurs, ont été faites déjà au physiologisme, qui ne manquerait assurément pas de voir dans ce délai réclamé par la psychologie un aveu d'impuissance et de défaite. Il y aurait donc pusillanimité pour la psychologie à reculer devant une solution dont elle possède, d'ailleurs, tous les éléments. Indépendamment des croyances générales, attestées par toutes les langues, tous les faits de conscience ne déposent-ils pas de l'identité et de l'unité, c'est-à-dire de l'immatérialité du moi? Une foule de sensations nous arrivent à-la-fois par les différents organes de nos sens, et la conscience atteste que c'est un seul et même *moi* qui les éprouve toutes. Une multitude de sentiments nous assaillent, soit simultanément, soit successivement; la même conscience atteste que ce seul et même *moi*, sujet et théâtre des sensations, est en même temps sujet et théâtre des affections, des émotions, des plaisirs et des peines, des désirs. Des idées de tout ordre et de tout degré, des volitions et déterminations de tout genre surgissent et s'opèrent dans notre for intérieur; et toujours la conscience nous crie que tous ces phénomènes si variés et si multiples ont pour sujet et pour centre le *moi* un, le *moi* identique. La conscience donc, en nous révélant notre existence dans la notion qu'elle nous suggère de la succession des phénomènes intérieurs, nous révèle en même temps l'unité et l'identité de notre être, et, implicitement à cette identité et à cette unité, l'immatérialité du *moi*; car, l'unité et l'identité, que la conscience nous révèle comme attributs fondamentaux du *moi*, sont une unité parfaite et absolument indivisible, et une identité absolument inaltérable, et, à ce titre, ne sauraient avoir rien de commun avec ce qu'il nous plaît quelquefois d'appeler identité et unité dans la matière, lesquelles ne sont, à proprement dire, qu'altération et multiplicité. Les physiologistes demandent sans cesse des preuves expérimentales; eh bien ! c'est par l'expérience (non par l'expérience sensible et externe qui n'a rien à faire ici, mais par l'expérience intime) que la psychologie démontre aujourd'hui l'immatérialité de l'ame.[1] Quant à son immortalité, on voit aisément pourquoi elle ne peut être établie expérimentalement; mais, à défaut de l'expérience, le raisonnement peut nous conduire en cet ordre de choses à des conclusions puissantes d'évidence et de vérité. Si Dieu existe (et son existence est indéniable), il est juste. S'il est juste, il ne saurait voir d'un œil indifférent le devoir enfreint ou accompli. Il faut donc qu'il réserve des récompenses et des peines à cet accomplissement et à cette infraction; et, comme ces récompenses et ces peines n'ont pas leur réalisation en ce monde, ainsi que l'expérience l'atteste, il suit nécessairement aux yeux de la raison qu'elles l'auront infailliblement dans une vie future. Ce problème de l'immortalité

---

[1] « La spiritualité du *moi*, dit M. Cousin (préface des » *Fragments* de Maine de Biran, p. 11), peut être directement » et immédiatement perçue par la conscience, et partant placée » au-dessus de tous les sophismes, puisque dès-lors elle est soustraite » au raisonnement. Au lieu de tant de raisonnements, qui ne valent » guère mieux pour que contre, la spiritualité du *moi* nous apparaît » dans son unité et son identité, unité et identité qui sont des aper» ceptions immédiates de la conscience. »

de l'ame, le moraliste écossais le résout à-la-fois par la révélation et par la raison. Au second de ces deux points de vue, il se pose deux questions : la loi naturelle nous fournit-elle quelque raison de croire qu'il y ait, pour l'ame humaine, *possibilité* de survivre au corps? La loi naturelle nous fournit-elle quelque raison de croire que l'ame *doive* survivre au corps? Quant à la question de l'immatérialité, Beattie l'a résout affirmativement par différents ordres de preuves, et notamment par l'argument tiré de l'opposition manifeste qui existe entre les attributs fondamentaux de l'esprit et les qualités générales de la matière.

Tels sont, dans leur ensemble et leurs divisions capitales, les éléments de philosophie morale et de théologie naturelle de James Beattie. C'est une philosophie plus instructive que disputeuse; c'est un système de doctrines moins spéculatives que pratiques. Si quelquefois un peu de profondeur s'y laisse regretter, en revanche il règne dans toutes les parties de ce livre une parfaite lucidité, qualité que peut-être on n'apprécie plus aujourd'hui à sa véritable valeur, et sans laquelle pourtant toutes les autres, la profondeur elle-même, ne sont rien. Les questions morales et sociales

les plus hautes et les plus graves y sont traitées avec une précision et une justesse qui dénotent en Beattie un esprit éminemment positif. Ce n'est pas lui, à coup-sûr, qu'on accusera jamais d'être un utopiste et un rêveur. Dans ses différents aperçus, dans ses diverses appréciations, il joint au bon sens et à la circonspection naturelle à sa nation une admirable justesse de tact. Son style, partout d'une élégante clarté, prend fréquemment de l'animation et de la chaleur, surtout quand le philosophe aborde une de ces questions qui intéressent puissamment la religion ou la morale. On reconnaît alors, au ton dont il écrit, un homme qui ne pense pas seulement avec sa tête, mais avec son cœur, et qui formule en théories ses plus intimes et ses plus chères convictions. Un autre caractère encore à signaler dans le moraliste d'Aberdeen, c'est l'alliance de la philosophie et du christianisme, et certes ce n'est pas nous qui lui en ferons un blâme. En mainte question, mais notamment en ce qui concerne les attributs de Dieu, l'immatérialité et l'immortalité de l'ame, il emprunte ses arguments tout-à-la-fois à la raison et à la révélation. Et qu'on ne dise pas que c'est là du mysticisme. Une telle accusation ne serait recevable qu'autant que l'écrivain empruntât exclusivement aux dogmes chrétiens les matériaux de ses raisonnements et de ses preuves ; à ce compte, nous l'avouons, il serait difficile peut-être d'écarter l'inculpation de mysticisme. Mais il n'en est pas ainsi de Beattie, qui, en aucune rencontre ni sur aucune question, ne renonce au libre examen pour se jeter exclusivement dans les bras de la foi. Seulement, il a apporté dans les discussions et les démonstrations philosophiques cette ferveur religieuse, ce zèle chrétien, ces réminiscences évangéliques et bibliques, qui caractérisent le presbytérianisme écossais. — A ces différents titres, il nous a paru que le livre de Beattie méritait de prendre place à côté des monuments de la philosophie écossaise dont nous devons la publication à MM. Jouffroy [1] et Léon Simon [2], et nous venons demander au public français pour le moraliste d'Aberdeen un accueil aussi favorable que celui qui a été fait naguères à ses illustres compatriotes Reid

[1] M. Jouffroy a publié les *Esquisses de philosophie morale*, de Dugald-Stewart, 1 vol., et les *Œuvres complètes de Thomas Reid*, 6 vol. Il a mis en tête de chacune de ces publications une fort remarquable préface.

[2] M. Léon Simon a publié la *Philosophie des facultés actives et morales*, par Dugald-Stewart, 2 vol.

et Dugald-Stewart. La philosophie purement spéculative ne suffit pas à tous les besoins de l'homme ; aliment de l'intelligence, elle n'exerce qu'une action très-indirecte sur la volonté et sur les penchants. Instrument de gymnastique et de perfectionnement pour l'esprit, elle laisse l'ame indifférente et le cœur froid, et demeure stérile en résultats pour le bonheur individuel et social. Les plus savantes dissertations du monde sur les obscurités du péripatétisme ou les subtilités de la scholastique ne rendront jamais un seul homme meilleur ou plus religieux. Ce qu'il faut surtout aujourd'hui, c'est une philosophie active, c'est-à-dire une philosophie où chaque connaissance se réalise par un effet, où chaque théorie aboutisse à une application, et qui se rapporte ainsi tout entière au bonheur de l'homme et de la société. Et jamais, peut-être, circonstances sociales n'exigèrent plus impérieusement qu'une direction pratique soit enfin imprimée à la philosophie. Que voyons-nous en effet autour de nous ? Partout le doute dans les intelligences, partout l'hésitation et la faiblesse dans les volontés, partout aussi le déchaînement dans les désirs et les passions. Nous ne déclamons pas ; nous ne faisons que signaler ici une déplorable réalité, attestée par des expériences trop fréquentes et par des faits presque quotidiens. Il se manifeste aujourd'hui dans notre société des symptômes analogues à ceux qui pronostiquèrent la chute de la société romaine. Le scepticisme a engendré l'impuissance et le découragement. On va du doute au désespoir, et du désespoir au suicide. L'espérance s'est évanouie avec la foi. Aux vertus chrétiennes si nécessaires au bonheur de la vie, à la résignation, à la modestie, à l'humilité, a succédé un effroyable débordement d'effrénés désirs et d'impatient orgueil. La confiance en la divine Providence a fait place à je ne sais quelle croyance aveugle et superstitieuse à la fatalité. A de si grands maux, il faudrait assurément d'héroïques remèdes. Il faudrait aux générations qui s'élèvent une éducation sérieusement morale et sincèrement religieuse. Il leur faudrait, surtout, le plus efficace de tous les enseignements : les bons exemples. Il faudrait, enfin, qu'imposant silence une fois pour toutes à des doctrines dissolvantes, l'état, fidèle à sa véritable mission, qui est d'organiser et non d'assister immobile au spectacle de la désorganisation générale, saisît dès le plus jeune âge les générations qui naissent ou vont naître; et, au lieu de les abandonner à toutes les divergences de l'éducation domestique, les soumît à un système d'éducation nationale, qui unirait les esprits dans une communauté de sentiments moraux, religieux, patriotiques. Au milieu de si urgentes nécessités, nous sommes venus, nous, obscur mais fervent apôtre de la réforme morale, essayer d'accomplir une tâche à laquelle semblaient nous convier notre spécialité, nos études actuelles et nos travaux antérieurs. Nous avons rencontré dans la philosophie écossaise un livre de morale pratique, qui, sous des formes parfaitement accessibles à toutes les intelligences, renfermait d'excellents préceptes relatifs à nos devoirs individuels, sociaux, politiques, domestiques, religieux; et ce livre, nous avons entrepris de le faire connaître à notre pays. Maintenant, nous nous estimerions heureux si, dans ce siècle de négation, où tant de causes conspirent à dissoudre les croyances morales et religieuses, il était une seule ame chancelante ou égarée, que la lecture de ces pages pût raffermir ou remettre sur la voie du bien.

VIE DE L'AUTEUR [1].

BEATTIE (James), naquit le 5 novembre 1735, à Laurencekirk, en Écosse. Son père était simple fermier; ce qui ne l'empêchait pas de se livrer à un goût naturel qu'il se sentait pour la poésie : on conserve encore dans sa famille quelques pièces de vers de sa composition. James Beattie le perdit à l'âge de sept ans, et fut laissé sous la protection de son frère aîné, David Beattie. Les progrès que fit James dans l'école de Laurencekirk, et la réputation qu'il y acquit comme poète, déterminèrent David, malgré la modicité de sa fortune, à conduire son frère, alors âgé de quatorze ans, à Aberdeen, pour le mettre à portée d'y obtenir une bourse dans l'université. James se présenta au concours ouvert au collége Mareschal, obtint la première bourse, et demeura quatre ans à ce collége, dirigé alors par le savant Thomas Blackwell. Ses études finies, Beattie prit ses degrés, et retourna, âgé de dix-huit ans, à Laurencekirk. Il fut successivement maître

---

[1] Extraite de la *Biographie universelle ancienne et moderne*.

d'école à Fordoun, et professeur à l'école de grammaire latine instituée à Aberdeen. Il avait alors vingt-trois ans. Le manque de livres, qu'il ne pouvait que difficilement se procurer, avait arrêté son goût pour l'étude de la littérature. Le défaut d'habitude du monde avait laissé à ses manières de la gaucherie, et à son caractère une sorte de timidité défiante, naturelle dans un homme que sa situation, toujours inférieure à ses moyens, n'a pas accoutumé à croire aux succès. Placé dans la sphère qui lui convenait, il se fit bientôt connaître par les progrès de ses talents. Dès son séjour à Fordoun, il avait fait insérer plusieurs pièces de vers dans un journal littéraire d'Edimbourg, intitulé: *The Scots Magazine*. Après quelque temps de séjour à Aberdeen, ses amis l'engagèrent à publier un recueil de ses poésies. Elles furent annoncées par souscription, en 1760, et parurent en 1761 à Londres. Ce recueil, composé d'odes, d'élégies, de stances sur différents sujets, et d'une traduction des *Églogues de Virgile*, annonce un goût sain, de l'esprit, du talent, de la sensibilité, quoique sans une grande chaleur d'imagination ou de sentiment. On y trouve des images heureuses, généralement tirées du spectacle de la nature, et une disposition d'esprit philosophique. Ses vers passent pour harmonieux; ses traductions sont élégantes et fidèles. Quoique, en publiant ce recueil, Beattie eût fait choix parmi les poésies composées dans sa jeunesse, cependant, lorsque son esprit se fut mûri, et son talent perfectionné, il rougit de l'imperfection de ses premiers essais, à tel point, que, non content de les retrancher dans les éditions suivantes de ses œuvres, il passa sa vie à tâcher d'en effacer le souvenir. Il n'en parla jamais à son fils, et son fils crut devoir, par égard, ne lui jamais avouer qu'il les connût. Cette première édition est excessivement rare. Ses amis obtinrent pour lui, en 1760, la chaire de professeur de philosophie au collége Mareschal; mais les études de Beattie s'étaient si peu tournées vers cette partie de l'enseignement, que, la première année, sans les manuscrits de son prédécesseur, il lui aurait été difficile de se tirer de son cours. Il paraît même, qu'excepté quelques sermons prononcés pendant son séjour à Fordoun, où il avait suivi les études de théologie, les seuls morceaux qu'il eût écrits en prose se bornaient à la préface du recueil de ses poésies et à quelques notes de sa *Traduction de Virgile;* mais la nouvelle carrière qui s'ouvrait à lui ayant dirigé ses études vers un but nouveau, il en fit l'objet de tous ses efforts. C'est aussi dans la philosophie morale et critique que Beattie s'est particulièrement distingué. En 1762, il composa son *Essai sur la poésie et la musique*, ouvrage très-estimé, et traduit en français, Paris, 1798, in-8°; en 1764, son *Essai sur le rire et les ouvrages de plaisanterie*, et, peu de temps après, son célèbre *Essai sur la nature et l'immutabilité de la vérité*, ouvrage qui établit sa réputation, et auquel les circonstances donnèrent un grand intérêt en Angleterre et surtout en Ecosse, où les écrits de Locke, et plus récemment ceux de Hume, avaient tourné les esprits vers les discussions philosophiques. L'ouvrage de Beattie était dirigé contre la doctrine de Locke, *Des sensations, source unique de nos idées*, et contre le scepticisme de Hume. Il distingue dans ce Traité deux sortes de vérités : les unes que nous recevons d'une manière intuitive, c'est-à-dire sans avoir besoin d'aucune preuve, au moyen de cette faculté qu'ont tous les hommes d'être frappés de certaines vérités incontestables, et qu'il appelle le *sens commun*. La seconde classe est celle des vérités qui entrent dans notre esprit au moyen des preuves; celles-là sont du domaine de la raison ; mais tout raisonnement aboutissant à un premier principe, nous ramène à l'intuition, qui est la source première de nos connaissances. Telle est la doctrine de Beattie : elle avait été mise au jour quelques années auparavant par le docteur Reid, également professeur à Aberdeen, dans ses *Recherches sur l'esprit humain* (*Inquiry into human mind*) ; mais on y avait fait que peu d'attention. L'ouvrage de Beattie, écrit avec chaleur, et même avec une véhémence quelquefois déclamatoire, et plus polémique que philosophique, fit au contraire un grand effet, d'abord en Ecosse, et bientôt après en Angleterre, où son poëme du *Minstrel* (*le Ménestrel*, ou *les Progrès du génie*) obtint un très-grand succès, et attira plus particulièrement sur lui l'attention du public. Ce poëme, le meilleur de ses ouvrages de poésie, fut composé en 1768, et publié, du moins quant à la première partie, en 1771. Cette même année, Beattie alla pour la première fois à Londres, où il fut accueilli avec distinction par lord Littleton, le docteur Johnson, Mr Burke, M[ss] Montague, etc. ; il jouit dans cette ville de tous les agréments que lui pouvait procurer sa réputation, parvenue alors à son plus haut période. Il y revint en 1773, et fut alors présenté au roi, qui lui accorda une pension. En 1776, il publia à Edimbourg une seconde édition de son *Essai sur l'immutabilité de la vérité*, accompagné de l'*Essai sur la poésie et la musique*, de l'*Essai sur le rire*, et d'un *Essai sur l'utilité des études classiques*. En 1777, il donna un *Essai sur la mémoire et l'imagination*, faisant partie de ses cours de philosophie à Aberdeen. En 1779, il publia, à l'usage des classes, une *liste de scotticismes*, au nombre d'environ deux cents, et, peu de temps après, parut son *Essai sur les songes*. En 1783, il publia sa *Théorie du langage*, un de ses meilleurs ouvrages, accompagné de trois dissertations, sur *la Fable et le Roman*, sur les *Affections de famille*, et sur les*Ex emples de sublime*. Il publia ensuite un *Traité sur l'évidence du Christianisme*. En 1790, il donna le premier volume de ses *Éléments de la science morale*, dont le second parut en 1793. Cet ouvrage très-estimé est un résumé de ses leçons à l'université d'Aberdeen : il avait eu d'abord le projet de le publier en latin, et on en a retrouvé dans ses papiers une grande partie écrite en cette langue, qu'il maniait avec élégance et facilité. En 1790, il publia à Edimbourg les *OEuvres posthumes d'Addison*, en 4 volumes, avec une préface de l'éditeur. Beattie s'était marié en 1766 ; il avait eu de ce mariage deux fils de la plus belle espérance : il perdit l'un en 1790. à l'âge de vingt-deux ans, et le second en 1796, à l'âge de quinze ans. Ces deux pertes le plongèrent dans une douleur qui altéra sa santé, naturellement délicate. N'étant plus obligé de vaquer aux devoirs de sa place, à laquelle il s'était fait nommer un substitut après la mort de son second fils, il se retira entièrement du monde ; il se refusa même à la société de ses amis ; les trois dernières années de sa vie, il ne sortit point de sa chambre, et presque pas de son lit. Il mourut le 8 août 1803. Ce qu'on remarque surtout dans ses écrits philosophiques, est la clarté, une grande pénétration, plus de subtilité que de profondeur ; mais un esprit net et sage. Il ne s'attache pas à pénétrer très-avant dans les idées métaphysiques ; il tourne plutôt sa philosophie vers l'application à la morale, qu'il étaye d'un grand nombre de faits ; ce qui, joint à la nature de son style, généralement très-clair, quoiqu'un peu prolixe, et rempli de chaleur et de mouvement, a contribué à rendre ses écrits extrêmement populaires. Son caractère était doux et modeste ; ses manières dans le monde étaient l'expression de son caractère, et son esprit avait de la gaîté. On conserve en Écosse le souvenir de son talent et de son penchant pour les jeux de mots, preuve peut-être d'un goût formé un peu tard par l'usage du monde. S—D.

ÉLÉMENTS

DE

SCIENCE MORALE.

disposer dans un ordre scientifique, les principaux points de la morale et les théories les plus importantes qui s'y rattachent. Peut-être, d'ailleurs, est-ce tout ce que l'on peut raisonnablement exiger, en considérant le grand nombre de points que nous avons à traiter.

2. Le mot *morale* signifie *science des mœurs* ou *qui concerne les mœurs*. Les mœurs sont des actions, ou plutôt des habitudes contractées par l'action. Néanmoins, toutes les habitudes ou actions ne sont pas de celles que nous appelons morales. La dextérité manuelle, l'activité corporelle, les opérations de la mémoire ou de l'entendement ne sont pas en elles-mêmes choses morales ou immorales, car ce n'est pas sur des données de ce genre que nous basons une appréciation du caractère humain, ni que nous le jugeons soit ennobli par l'accomplissement du devoir, soit dégradé par la négligence à le remplir. Un ingénieux mécaniste, un homme robuste et actif, une personne à imagination vive ou douée d'une mémoire peu commune, peuvent être l'objet de notre estime, de notre désapprobation ou de notre mépris, suivant qu'ils appliquent leurs talents à des fins bonnes ou mauvaises ou indifférentes ; mais la bonté morale implique un motif puisé dans le devoir, et elle est toujours l'objet de l'estime et de l'approbation.

3. Le langage ordinaire établit une distinction entre *mœurs* et *manières :* les premières dépendent de dispositions internes, les secondes de qualités extérieures et visibles. Les manières d'un homme peuvent être agréables et ses mœurs dépravées; un tel homme laisse voir ce qu'il y a en lui de bien, et dissimule ce qu'il y a de mal. Ceux dont les manières sont agréables, et qui, en même temps, s'efforcent de faire le bien en répandant autour d'eux le bonheur, sont hommes de bonnes mœurs autant que de bonnes manières. Faire le bien, ou du moins le vouloir, et être prêt à le faire toutes les fois que l'occasion s'en présente, est au pouvoir de tous et du devoir de tous; tandis qu'il n'est ni au pouvoir, ni par conséquent du devoir de tous d'avoir de la dextérité dans les doigts, un corps et un esprit sains, un grand talent, une grande mémoire ou des manières élégantes. On appelle donc proprement morales ou immorales ces actions ou habitudes qui sont au pouvoir de l'agent, et qu'il sait avoir une influence favorable ou défavorable sur le bonheur de l'humanité.

4. Il y a des devoirs imposés à tous les hommes sans exception, parce qu'ils tendent à propager le bien en général. Il y a ensuite d'autres devoirs qui résultent de nos relations particulières, et qui tendent à propager le bien

dans la sphère de ces relations. Enumérer tous les genres de relations que nous pouvons contracter serait chose impossible ; mais parmi ces diverses sortes de relations, il en est deux qui peuvent être regardées comme les plus importantes, et qui sont ou peuvent être nôtres à tous tant que nous sommes ; nous voulons parler de la famille, et de l'état ou gouvernement. Dans ces distinctions peut se puiser la division de la philosophie morale en trois parties. La première que nous appelons *éthique*, traite de la moralité des actions envisagées sous le point de vue de la disposition d'esprit de l'agent et de leur tendance au bien-être général ; la seconde, appelée *économique*, règle la conduite de l'homme de manière à lui faire rechercher une plus grande somme de bien-être pour la famille dont il est membre ; la troisième, que l'on peut sans impropriété appeler *politique*, traite de la nature de la société politique ou civile, et des devoirs et des droits de l'homme au sein de cette société. La division de cette science pourrait être tout-à-la-fois plus détaillée et plus compréhensive ; mais, eu égard aux limites dans lesquelles nos statuts académiques nous obligent à nous renfermer, celle que nous traçons ici sera peut-être trouvée suffisante.

PHILOSOPHIE MORALE.

PREMIÈRE PARTIE.

ÉTHIQUE.

5. Nous allons d'abord considérer ici les actes humains, en tant que bons ou mauvais, d'après les principes, les intentions ou les dispositions dont ils procèdent, et selon qu'ils tendent à augmenter le bien-être général ou au résultat opposé. Poursuivant ensuite le même sujet, nous rechercherons premièrement la nature et le fondement de la bonté morale de l'homme, c'est-à-dire de la vertu humaine; secondement, la nature et le fondement des vertus particulières ou devoirs. La première de ces deux divisions peut être appelée *morale spéculative*, la seconde *morale pratique*. Remarquons ici que les mots *vertu*

et *devoir* ont souvent, quoique pas toujours, la même signification. Celui qui accomplit son devoir est un homme vertueux ; celui qui le néglige est un homme vicieux ; et l'on peut appeler indifféremment du nom de vertus ou de devoirs la modestie, l'humilité, la piété, la bienveillance. Toutefois, quand on les appelle du nom de *vertus,* on les considère comme *pratiquées* ou *acquises ;* quand on leur donne le nom de *devoirs,* on les considère comme chose qu'il nous est *prescrit* de pratiquer ou d'acquérir. En conséquence, nous disons d'un homme de bien qu'il y a chez lui *de la vertu,* et *non du devoir,* parce que nous entendons par là un homme qui pratique actuellement ce qu'il doit pratiquer, ou qui a contracté les dispositions qu'il devait contracter ; mais ces locutions : *en vue du devoir, en vue de la vertu,* sont des expressions à-peu-près synonymes.

CHAPITRE PREMIER.

De la nature de la vertu.

6. Le mot vertu, dans son acception la plus générale, signifie *pouvoir, capacité.* Appliqué à

l'homme, et caractérisé par l'adjonction du mot *morale* (pour le distinguer des autres espèces de vertu qui seront désignées ci-après), il signifie une qualité, une disposition, une habitude qui fait tendre l'homme à sa fin, c'est-à-dire qui le fait vivre comme il doit vivre et être ce qu'il doit être, ou, plus explicitement, qui le fait vivre comme son créateur avait dessein qu'il vécût, et être ce que son créateur avait dessein qu'il fût. Maintenant, la raison humaine peut-elle pénétrer quels étaient les desseins de l'auteur de la nature en créant les hommes ce qu'ils sont? Oui, certes; la raison peut le découvrir de la même manière et avec le même degré de certitude qu'elle découvre que l'ouvrier, en faisant l'horloge que nous avons sous les yeux, a voulu qu'elle mesurât le temps et indiquât l'heure. Pour quelle fin donc l'homme a-t-il été créé? Voilà le premier point à rechercher en morale; jusqu'à ce qu'il soit éclairci, nous ne pouvons connaître ce qui est conforme à la fin de l'homme et ce qui lui est contraire; en d'autres termes, nous ne pouvons savoir ce qui pour lui est ou n'est pas vertu.

7. La nature humaine est un objet très-complexe, et, il faut le confesser, dans un état de déplorable dégradation; mais, ni cette dégradation ni cette complexité ne sauraient conduire

à aucune induction raisonnable contre la possibilité de découvrir sa fin. A l'aspect d'un édifice en ruines, on peut, d'après quelques indices, pénétrer le plan du constructeur et découvrir si l'édifice avait pour destination d'être une église, ou un entrepôt, ou une maison, ou une loge d'animaux. Un homme qui s'entendrait passablement en mécanique, pourrait deviner l'usage d'une machine très-compliquée, lors même que chacune des pièces de cette machine serait nouvelle pour lui. Or, nous savons que cette dernière difficulté ne saurait être alléguée en rien de ce qui concerne la nature humaine. Et lorsque, d'après la structure et les rapports des diverses parties, la destination d'un ensemble quelconque a été recherchée avec bonne foi, la complexité de cet ensemble ne prouve rien contre la certitude de l'investigation, et devient, au contraire, un argument en sa faveur.

8. L'homme a été créé pour une double fin; agir et connaître, telle est sa double destination. Cette vérité sera aisément admise par quiconque aura observé que toutes les facultés de notre nature tendent ou à l'action, ou à la connaissance, ou à toutes deux à-la-fois. Que, de cette double fin proposée à l'homme, l'action soit la plus noble, et, par conséquent, sa fin

par excellence, c'est ce qui doit nous paraître très-évident, si nous réfléchissons que notre bonheur dépend plutôt de ce que nous faisons, que de ce que nous savons ; qu'un savoir étendu n'est le partage que du petit nombre, tandis que l'action est l'affaire de tous ; enfin, que le savoir n'est précieux qu'autant qu'il sert à étendre et à aider l'action, les théories qui ne s'appliquent à aucune fin pratique étant de nulle valeur. Or, nous sommes capables de différentes sortes d'actions. Le second point à rechercher est donc de savoir pour quelle sorte d'action l'homme a été créé.

9. On découvre la fin pour laquelle un système ou ensemble est établi, en examinant sa structure, sa constitution. C'est ainsi qu'on pourrait deviner pour quelle fin une horloge ou pendule a été faite, sans avoir jamais auparavant rien vu ou entendu de semblable. Toutefois, une simple connaissance des diverses pièces d'une horloge prises et examinées isolément, ne suffirait pas. Les roues et les chevilles, vues pêle-mêle et détachées les unes des autres, ne sauraient donner l'idée d'une pendule ou d'une horloge, ni de l'usage de l'une ou de l'autre à quelqu'un qui n'entendrait rien à l'art de l'horlogerie. Que faudrait-il donc ? Il faudrait juxtapposer ces diverses pièces conformément

au plan de l'ouvrier, les considérer dans leur ensemble et leur action réciproque, et, au sein de cette complexité, remarquer surtout une circonstance, c'est que ces diverses pièces sont toutes assujetties et subordonnées au balancier ou régulateur. La nature humaine, sans être une machine, est le système le plus curieux que puisse offrir le monde que nous habitons; ce système se compose de plusieurs éléments ou facultés dont l'action et l'influence sont réciproques. — L'une de ces facultés, appelée en langage ordinaire *conscience*, exerce sur toutes les autres une suprématie naturelle, ainsi que nous essaierons de le prouver, après avoir présenté quelques considérations sommaires concernant cette faculté.

10. Tout homme a le sentiment, 1° de l'approbation qu'il donne à certains actes, parce qu'ils lui paraissent bons, justes et conformes à ce qui doit être fait; 2° de la désapprobation dont il poursuit certains autres actes, parce qu'il les croit mauvais, injustes et de l'espèce de ceux qu'il ne faut pas faire. Or, cette faculté, principe de l'approbation et de la désapprobation, cette faculté qui nous rend capables de distinguer la vertu d'avec le vice, le bien moral d'avec le mal moral, le devoir d'avec son contraire, c'est la conscience. Cette faculté est spé-

ciale à la nature raisonnable; les brutes n'ont rien qui y ressemble, et l'on ne saurait considérer comme raisonnable l'être qui en est dépourvu. C'est cette faculté qui rend l'homme capable de vertu, et, par conséquent, de bonheur; car, pour les êtres raisonnables, il n'y a pas de bonheur sans vertu. Plusieurs philosophes modernes se plaisent à croire que les animaux inférieurs participent en quelque degré de toutes les facultés humaines, et de ce qu'un chien aime et craint son maître, ils en infèrent que les animaux ne sont pas tout-à-fait dépourvus de notions morales et religieuses. Autant vaudrait, de ce que les chiens aboient après la lune, et de ce que les loups, comme dit Shakespeare, hurlent en contemplant cet astre, autant vaudrait, dis-je, en conclure que ces animaux étudient l'astronomie.

11. Les actions faites par contrainte et contre notre volonté n'obtiennent pas l'approbation de la conscience, lors même qu'elles peuvent tendre au bien, et, d'autre part, n'encourent pas non plus sa désapprobation, dans le cas même où elles tendraient au mal. Parmi les actes humains, ceux-là seuls sont approuvés comme moralement bons, ou désapprouvés comme moralement mauvais, dans l'accomplissement desquels il est reconnu que l'homme a été un agent libre.

Ce n'est pas purement et simplement l'action qui est l'objet de l'approbation ou du blâme. Un homme peut en tuer un autre par accident, ou de propos délibéré; dans les deux cas, l'*action* peut être la même; un coup de mousquet peut de part et d'autre produire ce résultat. Mais, dans le premier cas, l'homicide peut être tout-à-fait innocent; dans le second, il peut être coupable d'assassinat; car, dans ce dernier cas, il peut y avoir une intention criminelle; dans l'autre, au contraire, il y a, ou peut y avoir, absence de toute pensée coupable. Ainsi, nos affections, nos dispositions, nos motifs, nos desseins, nos intentions, voilà les objets réels de l'approbation ou de la désapprobation morale.

12. Nous considérons les actions comme les indices et les signes de ce qui se passe dans l'esprit de l'agent, car il ne nous est pas donné de lire directement dans les ames, et nous disons d'une action qu'elle est immorale ou bonne, selon qu'elle nous paraît manifester une intention criminelle ou vertueuse. Dans nos intentions elles-mêmes, lors même qu'elles ne se réalisent pas en actes, il peut y avoir de la vertu ou du vice. Celui qui a l'intention d'assassiner est réellement, aux yeux de Dieu qui sonde les cœurs, un assassin; et celui qui fait tout le bien qu'il peut faire, et qui vou-

drait en faire davantage encore, est vertueux en proportion de ses désirs, quelque restreinte que soit sa sphère d'action.

13. Cette notion d'approbation morale, suggérée à tout homme par sa conscience, enveloppe plusieurs idées ou sentiments, qui, au fond et en nature, ressemblent les uns aux autres, mais entre lesquels il est possible d'établir quelques distinctions nominales. L'idée d'une action bonne ou généreuse nous est agréable; nous disons que cette action est raisonnable, juste, conforme au devoir, et que celui qui l'a faite mérite récompense ou éloge. Au contraire, l'idée d'une mauvaise action nous afflige; et nous disons qu'une telle action est déraisonnable, injuste, contraire au devoir, et que l'agent mérite blâme ou punition. Ces notions sont universelles parmi les hommes. Nous en avons le sentiment intime à quelque degré, et fréquemment à un très-haut degré, quand le bien ou le mal est fait par autrui; nous en avons le sentiment à un très-haut degré, ou même dans le plus haut degré possible, quand le bien ou le mal est fait par nous-mêmes. Le jugement moral de l'homme, appliqué à l'appréciation de sa propre conduite, est, en langage ordinaire, appelé conscience; appliqué à l'appréciation du bien ou du mal moral en

général, il peut être appelé faculté morale, et quelquefois même il a reçu de plusieurs philosophes anciens ou modernes le nom de sens moral. Des débats se sont élevés sur la propriété de ces diverses appellations; mais, pourvu que l'on conçoive bien la chose, le nom est de peu d'importance.

14. Que cette faculté soit mise en nous comme une règle de conduite, et qu'à elle appartienne naturellement le droit du gouvernement sur l'être humain, c'est ce qui résultera des considérations qui vont suivre. Combattre nos appétits sensuels, nous abstenir de manger quand nous avons faim, de boire quand nous avons soif, résister à la sollicitation de quelques autres appétits semblables, tout cela peut être non seulement innocent, mais même louable. Mais désobéir à sa conscience, négliger de faire ce que la faculté morale révèle être le devoir, voilà qui est toujours blâmable. « Tel homme avait » besoin de nourriture, mais il ne voulut pas » en prendre », voilà une proposition qui n'implique aucune espèce de blâme relativement à celui à qui elle s'applique. Il y a plus, un homme pourrait agir ainsi par raison de santé, et alors il serait digne d'éloge. Mais dire d'un homme : « Sa conscience lui com» mandait de s'abstenir, et pourtant il ne le

» voulut pas », c'est incriminer sa conduite, et nul n'est jamais blâmé d'agir d'après sa conscience, ou loué d'agir contrairement à elle. On pourrait citer des cas où d'autres modes d'abnégation personnelle seraient louables ; mais résister ou désobéir à la conscience, voilà qui, dans tous les cas possibles, est une mauvaise action. Telle est l'opinion du genre humain, et spécialement des hommes sages et des gens de bien. Cette opinion est donc raisonnable. Par conséquent, le principe de conscience est naturellement supérieur aux appétits corporels, et il lui appartient de les contrôler et de les régler.

15. En second lieu, préférer la difformité à la beauté, la discordance à l'harmonie, de mauvaises imitations à de bonnes, Cowley à Milton, le patois écossais à l'anglais d'Addison, n'est que l'indice d'un mauvais goût, qui peut très-bien être innocent ou indifférent, et celui en qui se trouveraient de telles préférences pourrait être, après tout, un honnête homme. Mais préférer une action que la conscience condamne à une autre qu'elle approuve, préférer la fraude à la probité, la malice à la bonté, le blasphême à la dévotion, l'impudence à la modestie, est l'indice d'un mauvais cœur, et tout homme sensé et vertueux doit condamner de telles actions comme

dignes de blâme et même de punition. Les inspirations de la conscience ne sont-elles pas plus sacrées, et d'une autorité plus respectable que les principes du goût ?

16. En troisième lieu, un acte basé sur la supposition que les trois angles d'un triangle sont moindres que deux angles droits, ou que l'histoire de Jules César est une fable, ou que le soleil et la voûte étoilée du ciel tournent autour de la terre, serait une preuve d'ignorance, mais n'entraînerait aucune culpabilité ; il y aurait donc folie de la part d'un juge à condamner à l'emprisonnement ou à l'amende l'homme qui soutiendrait de telles opinions. Mais un acte fondé sur la supposition que les prescriptions de la conscience ne sont pas obligatoires, ou que l'ingratitude et le parjure sont licites, ou que la piété envers Dieu et la bienveillance envers l'homme ne sont pas des devoirs, un tel acte chez un être raisonnable ne saurait jamais n'être pas blâmable. Je ne dis pas, toutefois, que des opinions fausses en matière de pure science soient toujours innocentes ; je dis seulement qu'elles peuvent l'être, et qu'elles le sont quelquefois ; mais agir contrairement à la conscience, ou négliger ses prescriptions, est toujours l'indice d'une ame dépravée, et toujours blâmable.

17. En quatrième lieu, satisfaire la faim ou

la soif, préférer l'élégance à la difformité, agir conformément aux vérités mathématiques, historiques et physiques, tout cela est selon la raison; mais il ne nous arrive pas de croire qu'un homme doive être loué ou récompensé pour l'avoir fait; au contraire, quand nous accomplissons ce que la faculté morale prescrit, et que nous nous abstenons de ce qu'elle défend, nous avons conscience (et nous en appelons ici à l'expérience de chacun) d'avoir mérité récompense ou du moins éloge, car l'éloge est aussi une forme de récompense. Qu'un homme ait du goût, qu'il soit profond mathématicien, historien intelligent, habile astronome, politique sensé, c'est à merveille; toutefois, ce même homme pourrait être impie, injuste, intempérant; il ne saurait par conséquent bien mériter de la société, et ne devrait avoir aucun espoir raisonnable de bonheur dans l'autre vie. Mais l'homme qui agit conformément à la vérité morale, et qui obéit aux prescriptions de sa conscience, acquiert des titres à l'estime et à l'approbation de ses semblables, et peut espérer de la bonté divine une récompense future, lors même qu'il serait peu ou point versé dans les sciences humaines. Tout ceci ne prouve-t-il pas qu'il existe dans les prescriptions de la conscience un caractère particulier de sainteté et de suprématie qui les distingue des autres suggestions de la nature raisonnable?

18. En cinquième lieu, la conscience nous adresse fréquemment des reproches que notre volonté ne peut nous faire éviter. Au milieu d'apparentes prospérités, elle rend le coupable malheureux en dépit de tous les efforts tentés pour étouffer sa voix, et les remords qu'elle fait naître ne sont jamais plus vifs que lorsque le méchant meurt et qu'il n'a plus rien à redouter de la part de l'homme. Pour peindre les horreurs d'une conscience criminelle, quelques poètes anciens l'ont représentée sous les traits d'une furie brandissant une verge formée de serpents entrelacés, et prononçant d'une voix tonnante l'arrêt du coupable. Dans l'Écriture-Sainte, la même chose est désignée par l'emblême d'un ver rongeur qui ne meurt jamais. Ces images sont fortes, mais ne sont pas hyperboliques; car, de tous les tourments attachés à la nature humaine, ceux d'une conscience coupable sont les plus affreux; ce tourment, les méchants l'ont quelquefois trouvé si insupportable, que la vie leur en devenait un fardeau. Quant aux bons, ils braveront la mort, les tortures, les malheurs de toute espèce, plutôt que de faire ce que leur conscience leur déclare être illicite. Assurément, une puissance toute par-

ticulière doit être attachée à cette faculté qui exerce une influence si énergique sur la félicité de l'homme, et qui triomphe si aisément et si efficacement de toutes les choses de ce monde. L'autorité de la conscience, alors qu'elle proclame le mérite de la vertu et le démérite du vice, est si puissante, que des hommes judicieux, ne trouvant pas que la vertu obtînt en ce monde une récompense convenable, ni que le vice y subît un châtiment suffisant, ont été amenés, par les seules lumières naturelles, à chercher au-delà de cette vie et dans un état futur une rétribution plus parfaite.

19. La conscience donc est en nous la faculté suprême. Nous voyons que toutes les autres capacités de notre nature doivent lui être soumises; elle peut être plus forte que l'amour même de la vie ou que l'horreur de l'infamie. Et tant qu'il en est ainsi, tous les hommes reconnaissent qu'elle exerce en cela une suprématie légitime et un droit naturel; au lieu que si quelqu'autre principe, passion, ou propension, venait à acquérir une semblable influence ou à s'arroger une telle autorité, il s'ensuivrait un désordre dans le système mental, et l'oubli du devoir troublerait la marche des affaires humaines. L'amour même de la science (car je ne parle pas ici des inclinations criminelles

ou viles), si on lui sacrifiait tout autre soin, encourrait un juste blâme. Au contraire, on ne peut jamais être trop consciencieux; les meilleurs d'entre nous ne le sont pas assez; et si tous les hommes l'étaient autant qu'ils doivent l'être, rien ne manquerait au bonheur de la société.

20. De ce que la conscience, ainsi qu'il vient d'être prouvé, est le principe par excellence, le mobile régulateur de la nature humaine, il suit que l'action vertueuse (voir § 7) est la fin suprême pour laquelle l'homme a été créé. Car la vertu, c'est ce que la conscience approuve; tandis que ce qui contrarie le principe suprême d'un système doit être contraire à la fin de ce système. Il est vrai que chez beaucoup d'hommes, et surtout chez les méchants, la conscience peut perdre son pouvoir, chez les uns pour un temps assez court, chez les méchants pour un temps beaucoup plus long, et cela, lorsqu'elle est combattue par de coupables habitudes ou par des passions tumultueuses. C'est ainsi qu'on voit l'homme le plus vigoureux perdre l'usage de ses membres pour avoir été retenu long-temps dans les fers. C'est ainsi que le génie le plus ardent, si on le condamne à l'esclavage, peut tomber dans l'inactivité ou la stupeur. Mais quoique la conscience puisse perdre son pouvoir, elle conserve néanmoins

sa légitimité, c'est-à-dire son droit à gouverner. Un bon roi peut être détrôné par la rebellion d'un sujet coupable; il peut même, pour un temps, se voir réduit à l'incapacité de faire respecter ses lois; mais il n'en conserve pas moins le *droit* de gouverner, qui lui est départi par la constitution du pays. Toutefois, il peut mourir sans voir sa puissance rétablie; tandis que, tôt ou tard, dans l'autre monde, si ce n'est dans celui-ci, la conscience reprend ses droits, et couvre le coupable de confusion.

21. C'est donc agir d'après la fin et la loi de de la nature, que d'agir d'après la conscience. En faisant ainsi, nous pouvons, souvent même nous devons, contrarier nos appétits intérieurs; mais alors nous ajoutons au bonheur et à la perfection de *notre nature tout entière*. Ainsi, une médecine peut faire du bien au corps entier, quoiqu'elle soit désagréable au goût ou même à l'estomac. En flattant un appétit en opposition avec la conscience, nous pouvons obtenir un léger plaisir, mais aussi nous donnons accès au désordre et au malheur dans notre nature, et nous la rendons plus imparfaite qu'elle n'était auparavant. C'est ainsi qu'il y a des choses qui plaisent au palais, qui peuvent même momentanément fortifier l'estomac, et qui cependant possèdent des propriétés vénéneuses.

22. Et maintenant nous voyons sous quels rapports on peut dire d'une vie vertueuse, qu'elle est, ce que l'appelaient les anciens moralistes, une vie selon la nature. La satisfaction accordée à un appétit naturel peut s'appeler un acte naturel ; mais agir conformément aux prescriptions de la faculté morale, c'est se conformer à la tendance générale de notre nature entière, parce que c'est obéir au principe suprême de la constitution humaine. Il y a des vices que l'on peut appeler naturels, parce qu'il y a en nous des passions qui les font naître, et un principe de corruption ou de dépravation qui nous porte à les satisfaire ; mais on ne peut pas dire d'un vice qu'il est conforme à notre nature entière, parce que ce caractère n'appartient qu'à ce qu'approuve la conscience, notre principe suprême et régulateur. Ce qui flatte le palais peut déranger la santé, et, par conséquent, être nuisible à la constitution humaine. On ne peut appeler aliment naturel que ce qui conserve ou améliore l'état sain du corps tout entier.

23. Pourtant, l'on a dit qu'une vie vertueuse était une vie de mortification et de combat. Rien n'est plus vrai ; mais, après tout, une telle vie doit être encore la plus heureuse. La nature de l'homme est déplorablement cor-

rompue. Les penchants criminels sollicitent satisfaction, et il est besoin de grands efforts pour y résister; il faut vaincre des habitudes criminelles, et c'est une longue et pénible tâche. Les objets dont les qualités agréables attirent notre attention ou captivent nos affections sont souvent un piége, et il est besoin d'une vigilance perpétuelle pour nous en garantir, ou, quand nous ne pouvons éviter leur rencontre, pour empêcher du moins qu'ils ne s'emparent de nos affections. Les plus honnêtes gens tombent en des fautes qui, chez les bons, sont toujours suivies de repentir, et le repentir, quoique salutaire en ses effets, apporte à l'ame de vives angoisses. A combien de dangers et de désappointements ne s'expose pas celui qui s'engage dans la vie active. Pourtant une telle vie est incomparablement plus heureuse que la sécurité dans l'inertie. C'est surtout ainsi que la vertu est un combat; mais, après tout, il y a pour elle honneur et bonheur, et jamais une telle lutte ne manque d'être couronnée de la victoire et d'une éternelle paix. Le vice aussi est un combat; mais, pour lui, il n'y a ni honneur ni bonheur, et il finit nécessairement par la honte et le châtiment.

24. Des considérations établies on peut conclure combien follement raisonnent ceux qui

cèdent sans réserve à toutes leurs passions, et qui s'excusent en disant que toutes les passions sont naturelles, et qu'ils ne sauraient être blâmés de suivre l'impulsion de la nature. L'erreur d'un tel raisonnement doit être palpable à ceux qui, dans leurs notions sur l'homme, savent distinguer le tout d'avec une partie. Sans doute, un plaisir partiel peut être obtenu moyennant la satisfaction donnée à un penchant criminel; ainsi, un homme peut flatter son palais, même en avalant du poison; mais toute satisfaction des sens, qui porte le trouble dans le système moral en contrariant le principe qui en est le suprême régulateur, est contraire à la nature, ou du moins peu raisonnable. Si l'on retire des rouages d'une horloge ou d'une montre les pièces qui en rendent le mouvement bien ordonné, ces rouages marcheront irrégulièrement. On pourra, si l'on veut, dire de tels mouvements qu'ils sont naturels, parce qu'il est naturel à des corps de se mouvoir d'après la force qui leur donne l'impulsion; mais ce qu'on ne pourra pas dire, c'est qu'ils soient justes ou conformes au dessein de l'ouvrier, et cela, parce qu'ils ont cessé d'être gouvernés par le principe institué pour régir et diriger toute la machine.

25. Il y a peu d'opinions plus familières à

l'esprit humain que celle qui consiste à croire que le vice mérite châtiment, et la vertu récompense. Mais, de crainte d'erreur, il est nécessaire d'ajouter que, dans la rigoureuse acception du mot, notre vertu n'est méritoire qu'eu égard à nos semblables. Considéré dans ses rapports avec l'être suprême, l'homme, alors même qu'il fait de son mieux, n'est encore qu'un serviteur qui ne rapporte à son maître aucun profit. Entrons en quelques détails sur ce point. La vie est comptée par tous les hommes pour un grand bienfait ; car, dans le train ordinaire de ce monde, peu de choses sont autant estimées que ce qui lui vient en aide. Or, la vie étant un bienfait que Dieu confère gratuitement à ses créatures, nous ne pouvons pas dire que notre vertu soit un titre à ce don, ni même qu'elle soit une reconnaissance proportionnée au bienfait. La raison, la conscience, l'aptitude au bonheur et à la vertu, ce sont là autant de dons gratuits de la Divinité ; et qui pourrait imaginer qu'il y ait pour nous quelque mérite à avoir reçu ce qui nous a été donné? Si nous abusons des bienfaits de Dieu, nous méritons punition. Si nous en faisons un usage raisonnable (ce dont aucun homme de sens n'osera complétement se flatter), nous ne faisons en cela que remplir une obligation que nous avons contractée en les recevant de Dieu. Et, d'ailleurs, la jouissance de ces bienfaits n'est-elle pas une récompense plus que suffisante pour le bon usage que nous en pouvons faire?

26. D'ailleurs, la vertu, dès cette vie même, obtient d'inappréciables rémunérations. Elle obtient la paix de l'ame et l'approbation de la conscience, bienfaits plus précieux que la vie. Elle obtient généralement l'estime des gens de bien, et un certain degré de respect même des méchants. Les avantages qu'elle procure seront appréciés comme ils doivent l'être, si l'on considère qu'une bonne réputation, qui seule peut nous valoir l'estime d'autrui, est regardée par toutes les ames bien nées comme la chose du monde la plus précieuse. Or, il ne faut pas oublier que cette paix de l'ame, cette estime des gens de bien, ce respect de tous, sont le résultat des lois établies par notre bienfaisant créateur, pour la consolation des hommes vertueux dans ce monde d'épreuve. Ce sont là de beaux priviléges; contre quels autres biens terrestres le sage voudrait-il les échanger?

27. Il faut remarquer encore que toute vertu humaine est très-imparfaite, et que l'homme le plus juste de la terre peut à peine passer un jour sans violer la loi divine en pensée, parole ou action. Il n'y a presque pas d'action humaine,

quelque vertueuse qu'elle paraisse, et quelque méritoire qu'elle semble à l'égard de nos semblables, que l'agent, s'il est homme de sens, ne s'empresse de reconnaître comme souillée d'imperfection aux yeux de Dieu; et c'est aussi pour cela que nous devons toujours avec humilité et contrition prier Dieu de nous pardonner ce qu'il y a de mal ou de défectueux même dans nos meilleures actions. Nous savons tous que les habitudes criminelles pervertissent l'entendement, et dégradent les facultés morales; nous savons en même temps que mainte habitude vicieuse contractée par nous aurait pu être évitée moyennant une circonspection convenable; et ces habitudes sont ainsi devenues la cause de cette dégradation et de cette perversité dues à notre incurie, et de toutes les erreurs ou égarements qui en résultent.

28. Or, puisque toute qualité humaine est si défectueuse, puisque les hommes les plus vertueux sont encore de si grands pécheurs, puisqu'enfin les avantages attachés à la vertu, même en cette vie, sont si importants, y a-t-il un homme qui puisse dire que sa vertu lui soit un titre à recevoir d'autres récompenses de ce Dieu qu'il offense continuellement, de ce Dieu à la bonté duquel il a d'inexprimables obligations, de ce Dieu dont l'absolue perfection est

à toutes les qualités humaines ce qu'est l'omnipotence à la faiblesse, l'infini au fini, l'éternité à la durée limitée? En considération de la miséricorde de notre souverain juge qui connaît si bien notre fragilité, la raison, éclairée par la révélation, pourrait peut-être faire entrer dans les ames repentantes l'espoir du pardon; mais autre chose est pardonner à un coupable, autre chose, lui rendre sa faveur; et quelle proportion y a-t-il entre la vertu humaine flétrie par le vice et par l'erreur, et un état d'infinie félicité dans la vie à venir? Pouvons-nous être dignes d'une telle récompense, nous dont la vertu, s'il est vrai qu'il y ait en nous quelque vertu, est récompensée, même en cette vie, au-delà de ce qu'elle mérite?

29. Ces théories pourraient nous conduire dans un dédale où nous ne saurions quelle route tenir, sans ce que la révélation nous apprend de la providence divine. Elle nous apprend que l'homme, par l'observance de certaines conditions, peut aspirer non-seulement au pardon, mais encore à un bonheur éternel, non à cause de son propre mérite, qui n'est rien aux yeux de Dieu, mais à cause des mérites infinis du Rédempteur, qui, descendant du haut de sa gloire, a subi volontairement la peine due au péché, et a obtenu ainsi ces nobles privi-

léges pour tous ceux qui se soumettraient aux lois qu'il a prêchées aux hommes. Ces considérations suffisent en ce qui concerne la suprématie et la nature générale de la faculté de conscience.

30. Il a déjà été dit et prouvé en partie, que le plus grand bonheur de l'homme résulte de la vertu. Il serait à propos de donner sur ce point une preuve plus explicite, et cette preuve, la voici. Si nous pouvions satisfaire à-la-fois toutes les inclinations de notre nature, ce serait notre plus grand bonheur possible, et ce que nous pourrions appeler notre *summum bonum,* ou notre plus grand bien. Mais cela ne se peut pas ; car il arrive maintes fois que nos inclinations soient contradictoires entre elles, de telle sorte qu'on ne puisse satisfaire l'une sans contrarier l'autre. L'homme qui est l'esclave de la sensualité ne peut jouir en même temps des plaisirs plus nobles de la science et de la vertu, et l'homme qui se voue à la science, ou se conforme à la vertu, doit fréquemment agir en opposition avec ses appétits. L'ambitieux ne peut travailler à conquérir le pouvoir, et goûter en même temps les douceurs du repos; et l'avare, tandis qu'il se complait dans la contemplation de son trésor, doit rester étranger aux plaisirs de la bienfaisance. Satisfaire tous nos appétits

à-la-fois est donc impossible. Par conséquent, le renoncement à soi-même est nécessairement pratiqué en quelque degré par chacun de nous, par le méchant comme par le bon, par le scélérat comme par le juste, par le sensualiste comme par l'anachorète; et le plus grand bonheur possible pour l'homme, du moins dans l'état actuel, doit être, non dans la satisfaction absolue de tous ses penchants, mais dans la satisfaction la plus complète dont il soit capable. Or, certains plaisirs contribuent plus que d'autres au bonheur, et jouissent, par conséquent, d'une importance supérieure. Sacrifier un plaisir moins important à un autre qui l'est davantage, c'est ajouter à la somme de notre bonheur; au contraire, nous retranchons de cette somme quelque partie, lorsque nous sacrifions un plaisir plus important à un autre qui l'est moins.

31. En essayant de porter un jugement sur la valeur comparative des plaisirs, on peut en toute assurance adopter les maximes suivantes. D'abord, il en est de plus dignes que d'autres, en ce qu'ils sont plus conformes à notre nature raisonnable, et qu'ils tendent davantage à la perfectionner. Les plaisirs de la gourmandise et de l'avarice ont assurément moins de dignité que ceux qui résultent de la découverte de la vérité, de l'étude de la nature, ou de l'accom-

plissement d'une action généreuse. Les plaisirs donc, qui ont plus de dignité, sont préférables à ceux qui en ont moins. On conviendra, en second lieu, qu'un plaisir plus vif a plus de valeur qu'un autre qui l'est moins, et que celui qui n'est pas suivi de peine vaut mieux qu'un autre qui en entraînerait après lui. Troisièmement, en considérant tous les maux de cette vie, on mettra difficilement en doute que les plaisirs qui allègent le malheur soient préférables à ceux qui n'ont pas ce résultat, et que ceux qui ajoutent à l'attrait des autres jouissances valent mieux que ceux qui tendraient à rendre les autres jouissances insipides. Quatrièmement, les plaisirs qui durent sont préférables à ceux qui passent, et ceux qui s'évanouissent devant la réflexion sont de moindre valeur que ceux qui conservent leur caractère. Cinquièmement, il en est qui deviennent plus insipides à mesure que nous nous y accoutumons; d'autres, au contraire, qui augmentent par l'habitude même ; ces derniers sont évidemment préférables. Enfin, ceux que l'on peut se procurer en tout temps et en tout lieu doivent contribuer à notre bonheur bien plus que ceux qui dépendent des circonstances et qui ne sont pas en notre pouvoir.

32. Si nous reconnaissons la vérité de ces remarques sur la valeur comparative des jouis-

sances humaines (et il nous paraît difficile que le doute intervienne ici, si nous admettons que l'expérience soit un fondement légitime de connaissance), nous devons aussi convenir que le suprême bien-être de l'homme, ou son plus grand bonheur possible, doit offrir les caractères suivants : Il doit flatter les plus nobles facultés de notre nature ; apporter un plaisir vif, sans mélange, exempt de toute peine ; il doit alléger les misères la vie, et se lier à d'autres jouissances en les rendant plus vives ; il est durable de sa nature ; il résiste à la réflexion, ne s'évanouit pas devant le raisonnement, mais devient au contraire plus exquis par l'habitude même ; enfin, il est à la portée de chacun de nous, parce qu'il ne dépend que de nous-mêmes et non des circonstances extérieures, et qu'il s'accommode de tous les temps et de tous les lieux. Or, tout plaisir dont la nature humaine est capable peut se ramener à l'une ou à l'autre de ces trois classes ; plaisirs des sens externes ; plaisirs de l'imagination et de l'intelligence, c'est-à-dire du goût et de la science ; plaisirs qui résultent de l'exercice régulier de nos facultés morales. Recherchons donc dans lequel de ces trois ordres nous avons chance de rencontrer notre souverain bien, notre suprême félicité.

33. Et, d'abord, que les plaisirs des sens ne

contribuent pas médiocrement à notre bien-être, et que quelques uns d'entre eux ne soient pas momentanés, c'est chose reconnue. Mais, il faut l'avouer, et c'est là, du moins, l'opinion de la portion la plus éclairée du genre humain, ces plaisirs sont les moins nobles de notre nature, car, jusqu'ici, personne que nous sachions ne s'est rendu respectable en s'y adonnant; ils amènent souvent avec eux le dégoût et même le chagrin; il s'évanouissent devant la réflexion, et ils tendent à nous rendre insensibles aux nobles attraits de la science et de la vertu; enfin, ils ne dépendent pas de nous, mais de causes qui nous sont extérieures; ils ne se laissent atteindre qu'en certaines circonstances seulement, et l'adversité nous en fait perdre le goût; ils ne possèdent donc pas le caractère auquel nous pouvons reconnaître le souverain bien de l'homme.

34. En second lieu, les plaisirs de l'imagination et de la science ont en eux-mêmes une grande dignité; la poursuite en est honorable, quoiqu'elle puisse tomber dans l'excès; ils sont compatibles avec les jouissances morales et sensuelles, et surtout éminemment favorables au premier de ces deux ordres; ils ne sont pas momentanés; ils persistent sous le regard de la réflexion, et ils deviennent plus exquis

en devenant plus fréquents; mais ils n'allègent pas les calamités de l'existence; ils sont loin de s'accommoder à tous les temps et à tous les lieux; ils sont hors de la portée de tous les hommes sans instruction, c'est-à-dire de la majeure partie du genre humain; par conséquent, ce n'est pas non plus à cette classe de jouissances qu'appartient le caractère constitutif du souverain bien de l'homme.

35. En troisième lieu, les plaisirs qui naissent de l'exercice régulier de nos facultés morales et de l'approbation de la conscience, sont, de toutes les jouissances, les plus dignes. Plus l'homme s'y attache, plus il devient respectable, et, en cet ordre de choses, l'excès ne saurait exister. Ces plaisirs ne sont jamais accompagnés de dégoût ni de peine; ils donnent de l'attrait à d'autres jouissances, en conservant la gaîté de l'esprit et la santé du corps; ils ne sont incompatibles avec aucun plaisir innocent; en d'autres termes, ils sont compatibles avec tous les plaisirs, excepté avec ceux qui entraînent après eux le chagrin et la misère; ils plaisent beaucoup à la réflexion; ils sont une source intarissable de consolations dans l'adversité; ils deviennent plus exquis à mesure que nous en contractons l'habitude; ils sont à la portée de tout homme, faible ou puissant, ignorant

ou instruit; ils conviennent à tous les temps et à tous les lieux; et aussi long-temps que l'homme conserve sa raison, il n'est pas au pouvoir de la méchanceté ou de la fortune de les lui ravir. C'est donc à la vertu, c'est-à-dire à l'exercice régulier de nos facultés morales, qu'appartient le caractère de souverain bien de l'homme; et ceci paraîtra plus évident encore si l'on considère que l'espoir d'une félicité future est la principale consolation de la vie présente, et qu'il n'y a que les hommes vertueux qui puissent raisonnablement entretenir cet espoir, au lieu que le vice, même au sein des plus hautes prospérités, est sujet aux angoisses d'une conscience coupable, et à l'horrible anticipation d'un châtiment à venir, ce qui suffit pour détruire tout bonheur ici bas.

36. Je suis loin d'adopter, dans son sens littéral, cette maxime du poète : « La vertu seule » fait le bonheur en ce monde », car, quoique je dise, avec le péripatétisme, que la vertu est le plus grand bien, je ne saurais dire, avec le stoïcisme, que ce soit l'unique bien. Un homme vertueux, en état de santé et de prospérité, est assurément plus heureux qu'un homme d'une égale vertu, atteint par l'adversité et par la maladie; et, s'il en est ainsi, la santé et la prospérité sont un bien, la maladie et l'adversité un

mal. D'ailleurs, s'il était privé de l'espérance de l'immortalité, l'homme de bien (surtout s'il était doué de sensibilité et de pénétration), ne serait pas heureux en ce monde, mais en proie à l'inquiétude et aux angoisses. Un tel homme serait perpétuellement choqué de la confusion qui lui apparaîtrait dans l'univers, et dont il ne pourrait prévoir la fin ; le monde lui paraîtrait gouverné par un être dont, assurément, la puissance serait grande, mais dont la justice et la bonté ne seraient pas également évidentes. C'est la croyance en un état futur où chacun sera équitablement rétribué, qui porte un esprit raisonnable à se persuader de la rectitude infinie du gouvernement de Dieu; et comme nous ne pourrions, sans la révélation, entretenir un espoir bien fondé de récompense future, il n'y a que la vertu du véritable chrétien qui puisse obtenir le bonheur dont nous parlons en ce moment.

37. La vertu étant le bien suprême de l'individu, il est à peine nécessaire d'ajouter qu'elle doit être aussi le bien suprême de la société; car la société se composant d'individus, la société la plus heureuse sera celle où il y aura le plus de bonheur privé. Nous ne pourrions pas concevoir qu'une communauté ou nation pût être heureuse, si les membres qui la composent

sont malheureux. A toute époque, les nations n'ont été heureuses et florissantes qu'autant qu'elles sont restées vertueuses.

38. Et maintenant, il apparaît avec évidence que la vertu est basée sur notre constitution morale; qu'elle convient à notre nature tout entière, dont elle est assurément la plus haute perfection; enfin qu'elle est conforme à la volonté de celui qui est l'auteur de la nature, et qu'elle est, pour l'homme, la seule voie de véritable bonheur. Par conséquent, le vice est contraire à notre nature tout entière, en ce qu'il tend à son avilissement et à sa dégradation; il est contraire à la volonté de Dieu; il est contraire à notre propre intérêt. Je clos donc ce chapitre par une définition dont chaque membre peut trouver dans les raisonnements antérieurs sa confirmation et son éclaircissement, et je dis : « La vertu morale est une disposition volontaire et active de l'esprit, agréable en elle-même, digne d'éloges, imposée à titre de devoir à tous les hommes, et tendant au perfectionnement de notre nature et à l'accroissement de notre bonheur en ce monde et dans l'autre. » Nous bornerons ici nos considérations relatives à la nature générale de la vertu, et nous passerons à la partie pratique de la morale, quand nous aurons présenté quelques observations.

CHAPITRE II.

Continuation du même sujet. Observations diverses.

39. Le mot *vertu*, ainsi que beaucoup d'autres termes abstraits, a une signification très-étendue. Souvent il signifie pouvoir ou propriété, comme quand on parle des vertus d'une plante ou d'un minéral. Quelquefois il signifie ce qui rend une chose bonne ou agréable; ainsi, on dit que la clarté, la simplicité, la correction et l'harmonie sont les vertus [1] d'un bon style. Par le mot *virtus*, les Romains entendaient fréquemment la valeur et l'esprit public, parce qu'ils professaient pour ces qualités une estime toute particulière. Le même terme est usité encore pour signifier une qualité quelconque, ou une perfection de qualités qui rend une chose propre à atteindre sa fin; et, dans ce sens, il s'applique non-seulement à la partie morale, mais encore à la partie intellec-

[1] Cette expression s'adapte mieux à la langue anglaise qu'à la nôtre. (Note du traducteur.)

tuelle et coprorelle de notre constitution. D'où la distinction des vertus humaines [1], en *corporelles,* comme la santé, la force, l'agilité, etc.; *intellectuelles,* comme le génie, la science, l'esprit, la gaîté, l'éloquence, etc.; *morales,* comme la tempérance, la justice, la bienveillance, la piété, etc.

40. Tout être raisonnable doit voir que les qualités de cette dernière classe sont tout-à-fait différentes des qualités corporelles et intellectuelles, et que les raisonnements et les détails précédents ne sont applicables qu'à la vertu morale. Celle-ci est précieuse sous le rapport de la fin qui lui est propre, car elle tend toujours au bonheur; et tout homme peut et doit la posséder. Quant aux qualités intellectuelles et corporelles, bien qu'elles causent du plaisir et qu'elles puissent même exciter l'admiration, elles ne sont pas précieuses en elles-mêmes: elles ne le sont même d'aucune façon, à moins qu'elles n'ajoutent quelque chose aux qualités morales. Elles ne dépendent pas de notre volonté, et, par conséquent, on ne peut pas dire que ce soient des devoirs imposés à l'humanité. Enfin, elles peuvent être employées à faire le mal, et

---

[1] Même observation. On dira très-bien en français les qualités intellectuelles et corporelles, mais non les vertus intellectuelles et corporelles. (N. du tr.)

dans ce cas, elles rendent l'homme plus odieux qu'il n'eût été sans elles. Car, que penserions-nous de celui qui ferait servir sa science et son éloquence à pervertir les principes des autres hommes, ou ses forces corporelles à leur ôter la vie?

41. Il est vrai que nous devons travailler de tout notre pouvoir au perfectionnement de notre nature dans chacun de ses éléments ; mais cela est ou n'est pas vertu morale, suivant l'*intention* de l'agent. Si nous tâchons de devenir meilleurs parce que nous regardons le perfectionnement de notre nature comme étant un devoir et comme pouvant être pour nous un moyen d'être utile à nos semblables, nous agissons d'une manière vertueuse; si, au contraire, nous travaillons à notre perfectionnement dans la vue de le faire servir au détriment d'autrui, nous commettons un acte vicieux. D'ailleurs, un jugement naturellement faible, une mémoire mauvaise, une capacité étroite, une constitution malsaine sont des objets, non de blâme, mais de pitié; car ce sont choses indépendantes de notre pouvoir, et dont tout homme s'exempterait s'il en avait la faculté; tandis que, manquer de probité, de bienveillance, de justice, de piété, sont toujours des actes coupables, et qui méritent blâme et châtiment.

42. Aristote et les péripatéticiens, suivant peut-être en ceci la doctrine de Pythagore, qui voulait tout ramener au nombre et à la proportion, ont essayé de déterminer le caractère général de la vertu, en disant qu'elle consiste en une sorte de moyen terme, μεσότης, c'est-à-dire, en un milieu entre deux extrêmes, dont l'un pèche par excès et l'autre par défaut. Cette doctrine peut servir de guide dans la conduite de la vie, et l'on trouvera qu'elle est vraie sous plus d'un rapport. Elle semble d'ailleurs garantie par l'opinion vulgaire; *le chemin du milieu est le plus sûr*, est chez nous un proverbe comme le *medio tutissimus ibis* chez les Romains; mais cette règle n'est pas sans exception, ainsi que le reconnaît Aristote lui-même. L'amour de Dieu, la charité envers le prochain ne sauraient jamais pécher par excès. Le même philosophe pensait que la vertu consiste, non en des actes transitoires, mais en des habitudes ou dispositions durables; d'où vient que le mot ἕξις, habitude, se rencontre dans plusieurs de ses définitions de la vertu. Les considérations sommaires qui vont suivre pourront donner quelqu'idée de sa méthode de classification en cette matière.

43. Aristote considère toutes les vertus comme pouvant se ramener à ces quatre vertus cardinales : prudence, justice, force, tempérance.

La prudence est une habitude de modération qui nous rend propres à agir raisonnablement à l'occasion des choses bonnes ou mauvaises; elle comprend trois vertus particulières. La première est l'habitude d'agir en tout temps avec réflexion. On pèche par défaut, en cet ordre de choses, par la témérité; et par excès, par cette timide prudence qui retient un homme dans l'inaction et l'irrésolution. En second lieu, la prudence renferme une habitude de juger sainement de la véritable nature des choses bonnes ou mauvaises qui peuvent nous porter à l'action. L'absence de cette qualité, c'est la folie; quant à son excès, nous n'avons pas de mot pour le désigner. Cependant, la folie, quand elle est inévitable, ainsi qu'elle se déclare quelquefois chez les hommes les plus sensés, ne saurait mériter de blâme, bien que nous devions la regarder comme une imperfection, et, d'autre part, l'habitude d'un jugement droit n'est pas susceptible d'excès. Toutefois, un jugement droit, en tant qu'il ne dépend pas de nous-mêmes, et qu'il est un don de la nature, ne saurait être appelé vertu morale, et Aristote lui-même le range parmi les qualités intellectuelles.

44. En troisième lieu, la prudence renferme une habitude de découvrir les moyens propres à arriver à de bonnes fins; la ruse est l'excès de

cette qualité, l'imprudence en est le défaut. Mais l'imprudence, si elle a sa source dans la faiblesse du jugement, n'est nullement un vice, car nous ne pouvons l'éviter; et, d'autre part, la ruse, en tant que cherchant à atteindre son but par des voies ténébreuses et illégitimes, est plutôt un abus qu'un excès de prudence; on peut même dire que l'habitude de découvrir les meilleurs moyens d'accomplir une bonne fin ne saurait jamais être susceptible d'excès. Remarquons ici que, bien que le péripatétisme et le stoïcisme aient traité, dans leurs théories du devoir, des qualités intellectuelles aussi bien que des qualités morales, parce qu'ils considéraient les unes et les autres comme nécessaires pour constituer un caractère parfait, et en même temps parce qu'ils croyaient du devoir de l'homme de travailler au perfectionnement de sa nature tout entière, sous le double rapport de l'utilité et de l'agrément, cependant leur pensée n'a jamais été de confondre, comme un philosophe moderne a tenté de le faire, les vertus morales avec les qualités intellectuelles. La distinction de ces deux ordres de qualités est exposée dans les termes les plus clairs par Aristote, au commencement de sa morale, et par Cicéron, au cinquième livre de son *Definibus bonorum et malorum*.

45. On définit la justice, cet état mitoyen consistant à ne faire à autrui ni souffrir soi-même rien qui soit contraire au bien; comme, par exemple, quand un homme vend une marchandise suivant sa valeur réelle, et pas au-delà, car, s'il la vendait moins, il se ferait tort à lui-même, et, s'il prenait davantage, il ferait tort à l'acheteur. Souffrir un tort par le fait de l'injustice d'autrui n'est pas une faute, mais un malheur. Ainsi, sauf quelques cas particuliers, la justice n'est pas le milieu entre deux extrêmes vicieux. La justice peut être envisagée sous deux aspects, à savoir: la justice générale ou stricte, qui consiste dans l'observance des lois dont le but est le bien public; et la justice particulière ou équité, qui vise au bien-être des individus, et dont l'observance consiste à n'obtenir pas plus de bien et à ne souffrir pas plus de mal qu'il ne convient à l'humanité et au sens commun. On divise aussi la justice en distributive et commutative: la première, relative aux récompenses et aux punitions; la seconde, réglant les procédés habituels des hommes entre eux.

46. La justice renferme bien des vertus. Elle comprend la libéralité ou modération dans l'usage des richesses, contre laquelle on pèche par défaut dans l'avarice, et par excès dans la prodigalité. Elle comprend la véracité ou attachement

à la vérité, qualité qui a ses deux extrêmes: d'une part, la dissimulation, qui consiste à cacher ce qui est vrai; d'autre part, la feinte, qui consiste à prétendre ce qui est faux [1]. Toutefois, ces deux extrêmes opposés ne sont pas vicieux au même degré, du moins en beaucoup de cas. Cacher ce que nous savons être vrai est quelquefois un acte innocent, parfois même un acte louable, comme par exemple quand nous sommes liés par un serment ou une promesse; d'autre part, la feinte n'est pas toujours coupable; pour tranquilliser l'esprit d'un malade, ou pour calmer un fou, on peut, sans encourir le blâme, dire ce qu'on ne pense pas. La justice comprend encore la fidélité aux promesses et à la confiance placée en nous. Le défaut, en cet ordre de choses, c'est l'infidélité; quant à l'excès, il n'a pas de nom, et n'en a pas besoin, car on ne saurait porter la fidélité trop loin. La justice comprend enfin le respect des droits de nos semblables, lequel consiste à ne leur faire aucun tort. Le défaut, c'est la violation des droits d'autrui;

---

[1] Il ne nous semble pas juste de dire que la véracité soit un milieu situé entre deux extrêmes, dont l'un est la dissimulation, et l'autre la feinte, comme l'on dirait de la libéralité qu'elle est le milieu entre la prodigalité et l'avarice. La prodigalité est un excès de libéralité, mais peut-on dire de la dissimulation qu'elle soit un excès de véracité? (N. du tr.)

l'excès ne peut être désigné par aucun mot, car, en cet ordre de choses, l'excès ne saurait être.

47. La force est une habitude de modération relative à la crainte et à l'espérance. Son objet est le mal. Elle consiste, non pas à être insensible au mal, mais à lui être supérieur. Or, il y a des maux que nous devons craindre et éviter, à savoir, le vice, et d'autres maux semblables qu'il est en notre pouvoir d'empêcher. Aussi, Aristote établit-il avec raison que les maux qui dépendent de nous-mêmes ne sont pas l'objet de cette vertu. La force nous empêche de craindre sans raison; son excès est une folle témérité; son défaut est appelé *panique*, une crainte déraisonnable et sans fondement étant, par quelques anciens poètes, attribuée à l'influence du dieu Pan. La force, quand son objet est un danger réel, peut s'appeler intrépidité; l'excès est encore appelé une folle hardiesse; le défaut est la couardise. Quand elle a pour objet la peine, la force prend le nom de patience; elle a pour extrêmes, d'un côté, l'impatience, de l'autre, l'insensibilité. Toutefois, l'insensibilité pour la peine n'est point du tout un vice, et, par conséquent, la patience, bien qu'étant une vertu, n'est pas le milieu entre deux extrêmes. La force, quand elle a pour objet le travail, est l'activité; l'excès, en ce point, est une activité sans relâche, le

défaut est la paresse. La force, quand elle a pour objet l'injustice, est la clémence ; l'un des extrêmes est la haine implacable, vice odieux et inhumain ; l'autre extrême peut être appelé stupidité, et bien qu'il y ait de ce dernier côté imperfection, il n'y a point de culpabilité, parce qu'une telle disposition d'esprit dépend entièrement de notre constitution, et nullement de notre libre vouloir.

48. La tempérance est une habitude de modération relative aux appétits que l'homme a de commun avec la brute, comme boire, manger, dormir, etc. Elle consiste à borner ses désirs, et à les satisfaire dans des limites raisonnables. Le défaut, en cet ordre de choses, est l'intempérance ; et ceux-là s'en rendent coupables, qui font un usage immodéré des plaisirs sensuels, ou qui en supportent impatiemment la privation. La tempérance excessive ne peut être appelée une faute, à moins toutefois qu'elle ne soit portée au point de nuire à la santé, ou qu'on ne la fasse servir intentionnellement à une telle fin ; circonstance qui pourrait se rencontrer, mais qui ne paraît pas devoir être fréquente.

49. Les stoïciens divisent la philosophie morale en deux parties : philosophie spéculative, philosophie pratique. Dans la première, ils re-

cherchent en quoi consiste la nature générale du bien et du mal; dans la seconde, ils déterminent les divers devoirs imposés à l'homme dans les diverses conditions de la vie. La première de ces deux parties est traitée avec développement par Cicéron dans les cinq livres de son *Definibus bonorum et malorum*, ou traité sur les limites qui séparent le bien d'avec le mal; la dernière, dans les trois livres de son *De Officiis*, ou traité sur les devoirs. Dans ce dernier traité, Cicéron examine les cinq questions suivantes[1] : Premièrement, qu'est-ce que le bien, *honestum?* Secondement, de deux vertus données, laquelle est la plus grande ou la plus importante? Troisièmement, qu'est-ce que l'utilité? Quatrièmement, de deux avantages donnés, lequel est le plus grand? Cinquièmement, le juste et l'utile sont-ils toujours incompatibles? En d'autres termes, l'homme peut-il constamment trouver son intérêt à enfreindre ou à négliger ses devoirs? Cette dernière question, bien que peut-être il ne la discute pas avec toute la précision désirable, Cicéron la résout, comme il le doit, par la négative.

---

[1] La première et la seconde dans le 1er livre; la troisième et la quatrième dans le 2e livre; la cinquième dans le 3e livre. (N. de l'auteur.)

50. La vertu, *honestum*, est le propre, non des choses inanimées ou des brutes, mais de l'homme. Elle doit donc avoir pour fondements ces éléments de la constitution humaine, qui sont spéciaux à l'homme, et qui le différencient d'avec les êtres inférieurs. C'est pourquoi Cicéron, après avoir achevé son introduction, commence ses recherches sur la nature de la vertu par établir une comparaison entre l'homme et les êtres déraisonnables. Il remarque que tous les animaux possèdent en commun certaines qualités, comme le désir de se conserver, d'éviter la souffrance, de satisfaire la faim et la soif, d'autres appétits naturels encore, et un certain degré d'attachement pour leur progéniture. Mais l'homme, dit-il, diffère des animaux sur les quatre points suivants.

51. Premièrement, l'homme est raisonnable, désireux et capable de connaissance, et avide de vérité, d'où procède, selon le philosophe romain, la vertu de prudence. En second lieu, l'homme est un être social et politique, qui désire non-seulement vivre en société, et communiquer ses pensées à autrui au moyen du langage, mais qui veut encore que la société dans laquelle il vit soit modelée sur une certaine forme, et gouvernée par des institutions politiques ou lois; d'où procède la vertu sociale,

qui est la seconde des vertus capitales, et que l'écrivain latin subdivise en justice et bienfaisance. En troisième lieu, l'homme aime la liberté, et aspire naturellement à la supériorité et à la prééminence ; toutefois il a le sentiment de l'autorité légale, et consent à s'y soumettre; sur cet élément de la nature humaine, Cicéron base la troisième grande vertu, la magnanimité ou la force d'ame. Enfin, l'homme a, de plus que la brute, le sentiment de l'élégance, de l'ordre, de la convenance, et ce sentiment, il ne l'applique pas seulement aux choses externes et visibles, mais encore aux pensées et aux émotions de l'ame; et c'est de là que procède, dit Cicéron, la tempérance ou modération, la quatrième des vertus cardinales. A ces quatre vertus, prudence, sociabilité, force d'ame, tempérance, peuvent se ramener toutes les vertus humaines, d'après la doctrine des stoïciens, développée par Cicéron dans le *De Officiis*.

52. Peut-être est-il à propos, avant d'aborder la morale pratique, de présenter ici quelques réflexions sommaires sur certains points relatifs à la faculté morale, qui ont fourni matière aux controverses philosophiques. Quelques philosophes ont soutenu que l'approbation morale est un sentiment agréable, et rien de plus, et que, d'autre part, la désapprobation morale est

purement et simplement une émotion pénible. La vérité est que l'approbation morale est un phénomène complexe, dont l'un des éléments est un sentiment agréable, et l'autre, une décision du jugement ou de la raison. L'un de ces éléments suit l'autre, absolument comme l'effet suit la cause. Effectivement, la conduite d'autrui, ou la nôtre à nous-mêmes, ne nous procurerait ni sentiment agréable ni émotion pénible, si d'abord nous ne la jugions juste ou injuste. Les faits sensibles et les jugements sont fréquemment simultanés dans l'esprit. Tantôt, comme dans le cas qui vient d'être mentionné, le jugement précède le fait sensible; tantôt le fait sensible vient d'abord et donne lieu au jugement, comme, par exemple, dans le cas où de ce que les objets extérieurs affectent nos sens en une certaine façon, c'est-à-dire produisent en nous certaines sensations, nous jugeons que ces objets existent en réalité, et qu'ils sont réellement tels qu'ils nous apparaissent. Dans le langage populaire, la sensibilité et le jugement sont souvent confondus, bien que distincts en nature. La sensibilité différencie ce qui est animé d'avec ce qui ne l'est pas, le jugement ce qui a la raison d'avec ce qui en est dépourvu. En d'autres termes, tous les animaux sentent; l'être raisonnable seul peut juger. Antérieurement à l'époque où elles acquièrent l'usage de la raison, les créatures humaines ne sont considérées ni par le moraliste ni par le législateur, comme des êtres moraux; ce qui ne se concevrait guère, si l'approbation ou la désapprobation morale pouvaient être envisagées comme de pures émotions, et non comme des actes de la raison.

53. On devrait aussi distinguer les sensations d'avec les sentiments, bien que la confusion en ait été faite par plusieurs écrivains modernes. En anglais, opinion, notion, jugement, sont véritablement synonymes de *sentiment*, et chacun d'eux implique l'exercice de la raison. Nous pouvons donc, sans impropriété, parler de *sentiment moral;* mais *sensation morale* ne saurait se dire; et, néanmoins, si l'on parlait des suggestions de la faculté morale comme de simples phénomènes sensibles, le philosophe qui réclamerait contre une telle locution risquerait de se faire taxer de subtilité. En français, le mot *sentiment* a une signification plus étendue qu'en anglais; ce qui peut avoir conduit plusieurs écrivains anglais à abuser de ce terme. [1] On peut ajouter que ce mot a été et est encore souvent employé dans un autre sens particulier pour

---

[1] On dit en français *les sentiments* pour désigner les phénomènes de la sensibilité morale, tels que le plaisir, la peine, le regret,

désigner une opinion ou une pensée qui nous affecte ou nous intéresse puissamment. C'est une innovation dans notre langue, et elle semble avoir donné lieu à différentes locutions qu'il ne nous est pas facile d'expliquer, bien que nous les entendions fréquemment se reproduire. C'est ainsi que nous entendons parler non-seulement d'hommes et de femmes *de sentiment* (est-ce de goût et de tact que l'on veut dire?), et aussi d'hommes et de femmes *sentimentales* (ce que je ne suis pas certain de bien comprendre), mais aussi *d'histoires sentimentales*, et, ce qui est plus bizarre encore, de *voyage sentimental*, toutes choses qui, à mon avis, pourraient être annoncées dans un même paragraphe avec les *rasoirs philosophiques*.

54. La conscience, de même que toutes les autres facultés de l'homme, et analogiquement

---

l'amour, la haine, etc..... On dit aussi en français *le sentiment moral*; mais cette dernière expression désigne un phénomène complexe, constitué d'un double élément, à savoir : 1° un phénomène intellectuel, c'est-à-dire la perception du caractère de justice ou d'injustice attaché à un acte dont nous sommes auteurs ou témoins; 2° un phénomène sensible, c'est-à-dire l'émotion agréable ou désagréable qui se joint invariablement en notre esprit à une telle perception. Le vulgaire confond ces deux éléments psycologiques sous la désignation de *sentiment moral*, parce qu'aux yeux du vulgaire les phénomènes de la sensibilité sont plus visibles que ceux de l'intelligence; mais, sous cette confusion nominale, le philosophe doit saisir et faire ressortir la distinction réelle. (N. du tr.)

à la nature animale et même à la nature végétale, arrive à la maturité graduellement, et peut être améliorée ou pervertie par une bonne ou par une mauvaise culture. Dans nos jeunes années, elle s'améliore par les sages conseils et les bons exemples, et, à mesure que nous avançons dans la vie, par des habitudes de respect et d'attachement rigoureux à la vérité et au devoir. Un régime différent, tel que le défaut d'instruction, le mauvais exemple, une conduite inconsidérée, l'oubli du devoir, le mépris de la vérité, peut la pervertir et presque l'anéantir. Ce ne saurait être toutefois une raison d'inférer, comme on l'a fait quelquefois, que la conscience n'est pas une faculté naturelle, mais un produit artificiel de l'éducation ; ni de supposer que des habitudes ou une éducation différentes nous eussent conduits à désapprouver la vertu et à approuver le vice, avec la même énergie de sentiment que nous apportons aujourd'hui dans notre blâme pour le vice et notre estime pour la vertu.

55. Ce qui le prouve, c'est que nos sens extérieurs eux-mêmes peuvent se perfectionner ou se détériorer, suivant l'éducation qu'on leur donne. Une lumière trop vive, une obscurité trop long-temps prolongée peuvent faire à nos yeux un mal irréparable. Quand on se trouve

ordinairement avec quelqu'un qui louche, il n'est ni rare, ni difficile de contracter l'habitude de loucher. La fièvre peut anéantir le goût et l'odorat; le tact même, ou d'autres facultés, peuvent être altérées par l'un de ces désordres qu'on appelle *nerveux*, et que peuvent déterminer en chacun de nous des excès d'aliments, d'étude ou d'exercice. Ces facultés mêmes, qu'improprement peut-être j'appelle *sens secondaires*, peuvent pareillement se détériorer ou se perfectionner. Ainsi, par exemple, l'oreille musicale, le sentiment du beau et du sublime, se détériorent, d'une part, par l'habitude d'entendre une musique barbare; d'autre part, par la fréquentation de personnes aux manières et au langage vulgaires et de mauvaise compagnie. Ces deux facultés au contraire se perfectionnent, la première, par l'habitude d'entendre et d'étudier de bonne musique, la seconde, par la lecture de bons livres et la fréquentation de personnes qui puissent nous familiariser avec les bonnes manières, le bon langage et le style élégant. Et cependant, pourrait-on nier que les sens externes soient des facultés originelles de notre nature? Pourrait-on nier qu'il y ait dans l'homme, pour peu qu'il soit intelligent, une certaine capacité d'opérer une distinction entre la beauté et la difformité, la dignité et la bassesse, la délicatesse et la grossièreté, l'harmonie et la dissonance? Et peut-on nier que ces distinctions aient un fondement aussi réel et aussi naturel qu'il est possible de le concevoir?

56. La raison elle-même (et certes, s'il est en nous quelques facultés originelles, elle est de ce nombre), la raison, dis-je, est soumise à la même loi de l'habitude, comme moyen de perfectionnement ou de dégradation. Combien est différente cette faculté à l'état de culture, telle qu'elle apparaît, par exemple, dans un Newton, un Clarke, un Butler, et dans tout homme qui a de l'instruction et du bon sens, d'avec l'entendement sans culture d'un paysan, qui peut à peine suivre le raisonnement le plus simple, ou d'avec l'intelligence plus grossière encore d'un sauvage, qui n'a jamais été accoutumé à raisonner! Que de soins les parents sages et les maîtres ne prennent-ils pas pour étendre et perfectionner les facultés morales et intellectuelles des enfants! Et cependant, on ne dira pas que la raison soit chose purement artificielle, un résultat de l'éducation; pas plus qu'on ne pourrait dire que l'instruction la plus habile n'aboutit qu'à rendre les hommes capables de prendre pour choses fausses les vérités les plus claires, ou pour vraies les absurdités les plus palpables. Le vulgaire ignorant croit bien des

choses qui ne sont pas vraies, et peut assurément, sous l'influence d'hommes qui ont le talent de faire adopter des sophismes, ou d'émouvoir les passions, se laisser entraîner aux plus énormes absurdités; la raison, en un mot, de même que les sens et la conscience, peut être artificiellement ou accidentellement pervertie à un certain degré, et, chez quelques esprits, à un degré très-élevé. Mais la dégradation absolue de ces facultés n'est pas à redouter. L'homme le plus ignorant, à moins que ce ne soit un idiot, ne pourra jamais en venir à rejeter l'évidence des sens, à nier l'existence du monde matériel, à regarder tous les actes humains comme également justes ou injustes, ni, en général, à mettre en doute la vérité de ce qui est évident par soi-même, ou de ce que, par un raisonnement approprié à sa capacité, on lui aura démontré être vrai.

57. Pour prouver que le sentiment moral est un pur effet de l'éducation, quelques philosophes ont pris la peine de recueillir, de l'histoire des nations civilisées ou sauvages, un ensemble de coutumes et d'institutions locales, qui sont regardées comme justes en certaines contrées, et comme criminelles en d'autres. Quelque chose de semblable a été tenté par Locke, au premier livre de son *Essai sur l'entendement humain*.

Toutefois, ces exemples, fussent-ils tous incontestables, ne prouveraient qu'une chose, à savoir, que la conscience est sujette à être influencée en quelque degré par l'habitude; mais ils ne sauraient prouver qu'elle est tout-à-fait l'esclave de cette influence. D'ailleurs, parmi ces exemples, il serait aisé de montrer que quelques uns sont si peu circonstanciés qu'ils ne prouvent absolument rien; que d'autres sont cités d'après des écrivains d'une autorité fort contestable; et, qu'enfin, ceux qui offrent les garanties désirables se trouvent précisément prouver le contraire de ce qu'on voulait leur faire prouver. La connaissance des motifs qui président aux actes humains peut seule nous conduire à déterminer avec certitude si l'agent obéit à un bon ou à un mauvais principe. Or, découvrir les motifs d'action de ces sauvages dont les coutumes et la langue ne sont connues que d'eux-mêmes, serait, en bien des cas, chose difficile, et même, en certains cas, chose impossible, et exigerait un degré de sagacité que peu de voyageurs possèdent ou sont curieux d'atteindre.

58. D'ailleurs, c'est une observation aussi vraie qu'ancienne, que la plupart des voyageurs raffollent du merveilleux, très-peu d'entre eux ayant cette candeur, cette philanthropie, cette

perspicacité philosophique qui distinguaient à un degré si éminent l'incomparable James Cook, cette gloire de son pays et de sa profession. Je crains encore qu'il ne soit pas moins vrai qu'à une époque aussi amie du paradoxe que celle où nous vivons, un trop grand nombre de lecteurs de voyages ne sont pas médiocrement charmés de voir les théories licencieuses de la moderne Europe appuyées par des récits venus des extrémités de l'Asie. Nous devrions donc, aussi long-temps du moins que cette façon de penser sera de mode, nous garder d'admettre aveuglément les premiers contes venus sur les immoralités attribuées aux nations éloignées. Des particularités de ce genre, publiées dans une récente collection de voyages, ont été, si je ne me trompe, très-légitimement taxées d'inqualifiable exagération; mais, en supposant même que les pires d'entre tous ces détails soient vrais, nous ne saurions y voir une preuve que la vertu soit une chose toute factice, ou que la faculté morale ne soit qu'une disposition artificielle ou accidentelle, suggérée à l'esprit par l'éducation et l'habitude.

59. Nous avons de bonnes raisons de supposer que dans la vie sauvage les notions morales doivent être rares, à cause des étroites limites de la sphère dans laquelle s'exercent l'activité

et l'intelligence humaine. Ne voyons-nous point parmi nous un phénomène analogue se produire chez l'enfance, lors même que l'esprit a été développé en quelque degré par l'éducation ? Mais si les sauvages n'ont point du tout de notions morales, au moins, ne sont-ils pas dénués de facultés morales. S'il y a chez eux amitié, affection naturelle, compassion mutuelle, il doit également y avoir mutuelle confiance, gratitude, bienveillance, et même quelque respect de l'équité, vertus qui ne sauraient exister en l'absence de tout principe moral. L'opinion contraire à celle que nous émettons ici ne saurait, d'autre part, tirer aucun avantage des mauvais traitements que les sauvages font subir aux étrangers ; car il est tout naturel que, aux yeux des sauvages, un étranger paraisse un ennemi, et il est affligeant de songer combien de fois la réalité a pris en ceci la place de l'apparence ; d'ailleurs, si, conformément à toute probabilité, les sauvages sont asservis par la superstition, les immoralités et les absurdités qui résultent de cet état de choses n'ont rien qui doive nous étonner ; car la superstition fut et sera toujours féconde en absurdités et en immoralités.

60. La doctrine que nous soutenons ici, à savoir que la conscience est, tout aussi bien que la raison, une faculté naturelle, départie à

l'homme par le créateur, ne saurait être infirmée par l'argument tiré de la difficulté où l'homme doit être de connaître exactement ses devoirs là où les objets de ces devoirs lui sont inconnus, ou lui sont voilés par des erreurs qui en altèrent la nature. Les objets du devoir sont la divinité, nos semblables, nous-mêmes. Donnez à un être raisonnable de justes idées de ces objets, et ses facultés morales ne lui permettront pas d'ignorer les devoirs qu'il a à remplir à leur égard; faites-le croire, par exemple, en un Dieu infiniment sage, puissant, bon, saint, source de bonheur, modèle de perfection, et il ne pourra manquer de connaître (quelle que puisse être, d'ailleurs, sa manière d'agir, et qu'elle soit conforme ou non à sa croyance), il ne pourra, dis-je, manquer de connaître qu'il est de son devoir d'aimer, de craindre, de servir un être si grand et si puissant. Enseignez-lui, au contraire, qu'il y a plusieurs dieux, les uns capricieux et insensés, d'autres un peu plus intelligents, quelques uns aussi faibles et aussi dépravés que l'homme, sans que pas un dans ce nombre soit exempt d'imperfection, tandis que plusieurs d'entre eux sont flétris par d'infames débauches, et vous lui ferez avoir sur les devoirs de l'homme envers de tels dieux les mêmes idées qu'avait autrefois la populace païenne. Eh bien! un tel état moral est-il le résultat de la dépravation de la conscience, ou de l'absence absolue de cette faculté, et ne doit-il pas plutôt être attribué au pervertissement de l'entendement par l'erreur et par l'ignorance?

61. Voici, du reste, un phénomène, qui, s'il n'est pas tout-à-fait semblable, est au moins très-analogue. Avec les yeux du corps nous ne pouvons pas voir ce qui est situé au-delà de la sphère de la vision; et, à travers un milieu impur et inégal, nous devons voir les objets décolorés et défigurés. Eh bien! cela prouve-t-il que nous n'ayons pas d'yeux, ou que nos yeux soient trompeurs? Cela prouve-t-il davantage que ce soit l'éducation qui nous enseigne à voir juste ou à voir mal? Non, sans doute; et la preuve, c'est que, sans faire subir aucun changement aux organes visuels, sans avoir besoin de surmonter aucune mauvaise habitude de préjugé ou d'éducation, mais en nous bornant simplement à purifier le milieu et à amener les objets dans la sphère de la vision, nous les voyons tout-à-la-fois dans leurs couleurs et leurs proportions naturelles. Eh bien! de semblables erreurs en ce qui touche les vertus sociales ou nos devoirs envers nous-mêmes peuvent être suggérées à l'esprit par de fausses données sur la nature et la fin de l'homme, ou écartées et rectifiées par le redressement d'une éducation

vicieuse et par plus de force donnée à la vérité. Or, en ce qui touche la nature divine, la fin pour laquelle l'homme a été mis en ce monde, ses rapports avec ses semblables et avec Dieu, les décrets providentiels concernant la condition présente et la condition future de l'homme, le monde païen avait des idées entièrement fausses, plus fausses assurément qu'elles n'eussent été chez beaucoup d'hommes, s'ils avaient cultivé convenablement les facultés rationnelles et morales que la nature leur avaient départies. Devons-nous donc nous étonner de l'imperfection des meilleurs systèmes de morale païenne? Devons-nous nous étonner que les nations païennes, suivant qu'elles font un meilleur ou un plus mauvais usage de leurs facultés mentales, sont plus ou moins éclairées par la lumière de la vérité morale?

62. Les mauvaises actions qui se commettent chez les nations civilisées ne sauraient fournir matière à objection contre cette doctrine; ces actions prouvent que la faculté morale n'a pas autant de puissance qu'elle en devrait avoir, mais elles ne prouvent aucunement que la faculté morale n'existe pas, ou qu'elle soit entièrement annulée par la coutume ou le mauvais exemple. La thèse que je soutiens me conduit à parler ici, non de l'accomplissement, mais de la notion

du devoir. Il n'est personne qui ne sache que les hommes les mieux instruits de tous les devoirs de la vie agissent trop souvent contrairement aux prescriptions de leur conscience et contrairement à la volonté bien connue de Dieu. *Video meliora probo que, deteriora sequor,* est un aveu que les hommes, même les meilleurs, ont trop fréquemment l'occasion de répéter. Mais, en même temps que les fautes de l'individu sont condamnées par la voix générale d'une nation ou par la partie réfléchie et éclairée du genre humain, cette voix générale, elle-même, n'est que l'organe des inspirations d'une faculté morale, qui, en dépit du mauvais exemple, de l'opinion licencieuse, de l'éducation absurde, a su conserver son autorité et son pouvoir. La conscience même du coupable, lors même que, temporairement, elle serait assoupie et endurcie, manque rarement de porter contre lui un témoignage pénible à endurer, mais impossible à éviter.

63. S'il était nécessaire de prouver, avec plus d'évidence encore, que la conscience n'est pas une faculté artificielle, mais naturelle, et que les sentiments moraux ont, dans l'esprit humain, autant de puissance et de stabilité que la raison elle-même, nous pourrions remarquer que les philosophes (j'entends les *vrais* philosophes),

bien qu'ils aient différé les uns des autres dans leurs considérations spéculatives touchant le fondement de la morale, n'ont jamais été en désaccord sur le mérite et le démérite de telles vertus et de tels vices. Nous dirions encore que, dans les écrits composés par les hommes les plus sages de l'antiquité la plus reculée, et sous l'influence de formes politiques et de mœurs bien différentes des nôtres, les idées morales sont énoncées et prouvées par des raisonnements et des exemples semblables, et, en certains cas même, identiques à ceux que nous employons. Nous dirons enfin qu'en d'anciens poèmes et de vieilles annales nous trouvons bien rarement comme proposées à notre imitation des actions que nous condamnons, ou, comme entachés de blâme, des actes que nous jugeons méritoires; et, bien qu'il nous semble possible, moyennant l'exercice et l'habitude, de nous créer des façons de vivre très-différentes de celle dans laquelle nous avons été élevés, il ne cesse pas de nous paraître impossible de sympathiser avec des caractères tels que ceux de Néron, Hérode, Catilina, Muley Ismaël, etc. J'ajouterai que les sentiments moraux paraissent être indispensables à l'existence même de la société; que nulle association d'êtres humains, dans laquelle on regarderait comme vertu ce que nous considérons comme vice, et comme vice ce que nous envisageons comme vertu, ne pourrait exister un seul jour, si les hommes faisaient ce que, dans ce cas, ils regarderaient comme leur devoir; et qu'ainsi, partout où il y a des sociétés humaines, nous pouvons conclure, en toute assurance, que les distinctions morales y sont reconnues. Je ne dis pas qu'aucun principe moral soit inné, en ce sens qu'un enfant, en venant au monde, l'apporterait tout établi en son esprit, car ce serait aussi absurde que de prétendre qu'un enfant sait la table de multiplication en venant au monde; mais je dis que la faculté morale qui nous suggère les principes de moralité, et la faculté intellectuelle qui conçoit les proportions de quantité et de nombre, sont des éléments primitifs de la nature humaine. Ces facultés ne se montrent pas au moment de la naissance de l'homme, ni même quelques années après; il leur faut du temps, comme à l'épi de blé qui ne se laisse voir que long-temps après que la tige est sortie de terre; mais néanmoins, pourvu que les circonstances extérieures soient favorables, elles ne manquent pas de se révéler en temps opportun [1].

---

[1] Ce paragraphe et les dix précédents renferment les principes

64. Les casuistes sont entrés en de grands développements sur le mérite ou le démérite des actes qui procèdent d'une conscience erronée, c'est-à-dire de ces sortes d'actes inspirés par une conscience tellement pervertie par l'éducation ou l'habitude, que, dans tel cas donné, elle approuve ce qui est mal ou condamne ce qui est bien. Sur un pareil sujet, on pourrait écrire des volumes et supposer mille difficultés qui n'existeront jamais réellement. Toutefois, la question, ramenée à ses termes généraux, se réduit à-peu-près à ceci. Il est du devoir de l'homme de ne pas dégrader sa raison par le préjugé, ni ses facultés morales par une conduite criminelle, mais de faire tout ce qui est en son pouvoir pour améliorer sa nature, et surtout de rechercher, en tout ce qui concerne la conscience, les lumières les plus parfaites. Si l'homme qui a pris toutes ses précautions vient après cela à se méprendre sur ses devoirs, c'est que l'erreur est inévitable, et, alors, l'agent ne mérite pas le blâme; si, au contraire, l'agent n'a pas fait tout ce qui était en lui pour s'éclairer ou pour per-

---

généraux d'un traité sur l'*Universalité du sentiment moral*, écrit en 1767. — Voir aussi mon traité sur la *Vérité*, page 137, quatrième édition, et la préface des *Dissertations morales et critiques*, imprimées à Londres en 1783. (N. de l'auteur.)

fectionner sa nature morale, il perd le droit, au moins dans les cas ordinaires, d'alléguer pour excuse une erreur de conscience. En fait, une pareille situation d'esprit est très-rare, et, ce qui le prouve, c'est que, quand nous faisons le mal, la conscience manque rarement de nous avertir que notre action est mauvaise.

65. Les écrivains les plus recommandables sont d'avis qu'une action ou affection n'est moralement bonne, qu'autant qu'elle a une tendance au bien. Assurément, toute vertu tend au bien public et particulier, et tout ce qui est fait en vue de propager le bien, sans dommage pour personne, est méritoire, et dépose de la bonté morale de l'agent. Assurément encore, tout acte vertueux, même le plus secret, tend éventuellement au bien d'autrui, soit en répandant immédiatement le bonheur, soit en perfectionnant notre nature, et, par conséquent, en faisant de nous des membres plus utiles et plus parfaits de la société humaine. Mais il y a dans le monde beaucoup d'hommes dont l'esprit, soit par faiblesse naturelle, soit par un concours de circonstances défavorables, est toujours demeuré inculte, et qui, par conséquent, doivent être juges incompétents en matière de bien public en même temps que sur la question de savoir jusqu'à quel point leurs actes tendent à l'aug-

menter. Toutefois, si ces hommes sont actifs et sobres, probes dans leurs relations, et attentifs à l'accomplissement du devoir, on ne saurait leur dénier le titre d'honnêtes gens.

66. Tout moraliste reconnaît qu'il existe des devoirs de l'homme envers lui-même. Dans la plus profonde solitude, nous ne sommes pas exempts d'obligations morales et religieuses. Car, supposé qu'un homme se trouvât dans la situation qui, suivant la fable, fût celle de Robinson Crusoé, enfermé pendant plusieurs années dans une île déserte, sans qu'il fût en son pouvoir de faire du bien ou du mal à d'autres individus de son espèce, cet homme serait encore, selon la mesure de raison à lui départie, un être moral, et tout aussi responsable de ses actes devant Dieu et devant sa conscience, que s'il vivait dans la société la plus nombreuse. Dans une telle solitude, il lui serait possible d'être, en bien des manières, vicieux ou vertueux. Il pourrait murmurer avec impiété contre les décrets de la providence, ou s'y soumettre avec reconnaissance et humilité. Il pourrait mener une vie laborieuse, ou s'abandonner à l'oisiveté et aux autres sensualités qui se trouveraient à sa portée. Il pourrait envier la prospérité d'autrui et passer son temps à dresser des plans pour leur ruine, ou prier pour leur bonheur, et re-

chercher l'occasion d'y travailler. En un mot, la bienveillance n'est pas la seule vertu; toutefois, je crois qu'il ne peut y avoir de vertu sans elle.

67. Les Stoïciens, qui aimaient la polémique, et qui, sur bien des points, affectaient de s'écarter de la pensée populaire, soutenaient que toutes les vertus étaient également méritoires, et tous les vices également condamnables. De même qu'une vérité, disaient-ils, ne saurait être plus vraie qu'une autre, ni une erreur plus erronnée qu'une autre, de même aucun vice ou aucune vertu ne saurait être plus ou moins grande qu'aucune autre vertu ou vice. Celui qui est à cent milles de Rome, n'est pas plus réellement hors de Rome que celui qui n'en est qu'à un mille; de même celui qui a transgressé les bornes de l'innocence est également un transgresseur, qu'il s'en soit écarté peu ou beaucoup. Ils admettaient toutefois que certains crimes méritent un châtiment plus grave que certains autres; mais cette différence, disaient-ils, était due, non à la gravité relative de deux crimes, mais uniquement à ce qu'un crime peut être plus complexe qu'un autre. Par exemple, celui qui tue un esclave est aussi réellement un meurtrier que celui qui commet un parricide; mais le premier est coupable d'une seule action injuste, et le

second, de plusieurs; car, l'un a tué un homme: l'autre a tué un homme, et, en même temps, un père, un bienfaiteur, un maître.

68. Une telle opinion peut fournir un texte à la déclamation; car on peut raisonner longuement et spécieusement en sa faveur; mais des déclamations, quelque spécieuses qu'elles soient, ne sont d'aucune valeur lorsqu'elles sont contrebalancées par l'opinion générale des hommes appuyée de la conscience et de la raison. Que penserait-on d'un législateur qui déclarerait crime capital toute violation de la loi, ou qui, de ce que certaines infractions sont de peu d'importance, accorderait le pardon à tout infracteur? L'homme le plus juste de la terre tombe chaque jour en quelques péchés de faiblesse; mais qui oserait dire que toutes les fautes de ce genre que commet un homme juste dans le cours d'une longue vie soient aussi déméritoires qu'un seul acte de trahison ou de cruauté? Tout vice, assurément, est blâmable, et toutes les vertus qu'il est en notre pouvoir de pratiquer, nous devons les pratiquer: mais il est à présumer que tous les degrés de faute qu'un homme peut parcourir dans chacun des actes de transgression, sont aussi nombreux que tous les degrés possibles de châtiment, et que, d'autre part, tous les degrés possibles de vertu sont aussi

variés que tous les degrés possibles de récompense. Bien que tous les hommes soient pécheurs, il en est, cependant, d'éminemment respectables par leur bonté morale ; et, d'autre part, il y a des crimes si atroces, le parjure, par exemple, qu'un seul acte de cet espèce suffit pour couvrir un homme d'infamie. L'Écriture déclare expressément qu'au jour du jugement il y aura plus d'indulgence pour certains coupables que pour d'autres, et elle donne clairement à entendre que la rétribution future des justes sera proportionnée à leur vertu.

CHAPITRE III.

De la nature et du fondement des vertus particulières.

Tout devoir a un objet. Les objets du devoir sont Dieu, nos semblables, nous-mêmes. Les devoirs moraux de l'homme peuvent donc se diviser en trois classes.

SECTION PREMIÈRE.

De la piété ou de nos devoirs envers Dieu.

69. La piété consiste, avant toutes choses, à se former des idées justes de Dieu, comme du

plus grand, du plus sage et du meilleur des êtres. Tous les hommes capables de réflexion doivent sentir que c'est là un point très-important ; car si nos idées touchant la nature de Dieu étaient erronnées, le sentiment de nos devoirs envers lui le serait également, et notre nature morale tout entière se trouverait pervertie. Tout homme sage devra donc s'entourer de toutes les lumières possibles touchant l'existence et les attributs de Dieu. L'indifférence sur un point, qui est incomparablement le plus important de la connaissance humaine, serait sans excuse, et l'ignorance qui résulterait d'une telle indifférence serait criminelle. Si l'ignorance en ce qui touche la nature et les attributs de Dieu était inexcusable chez quelques nations païennes, ainsi que l'Écriture nous autorise à le croire, elle doit être bien plus coupable encore chez nous qui, par la double voie de la raison et de la révélation, pouvons connaître Dieu et ce qu'il nous ordonne de croire à son égard. Jusqu'à quel point est excusable cette déplorable condition d'une partie du genre humain engagée dans une religion fausse, dans des mœurs barbares, et retenue dans une privation jusqu'ici sans remède de tous moyens de perfectionnement intellectuel? C'est ce que nous ne voulons pas examiner. Nous ne rechercherons pas davantage si l'imperfection de ceux à qui Dieu n'a jamais été connu, ou n'aurait pu l'être que par un miracle, ne sera pas entièrement rachetée par la vertu expiatoire du grand sacrifice divin. Il nous suffit de savoir que nous ne pouvons alléguer pour excuse une semblable ignorance, et que l'équitable juge de l'univers n'imputera jamais à ses créatures des misères qu'elles ne se sont pas attirées ou qu'elles ne pouvaient éviter, particulièrement la plus grande de toutes les misères, l'invincible ignorance de Dieu et du devoir.

70. La piété consiste, en second lieu, à entretenir en notre ame de justes affections qui soient une conséquence des justes notions que nous nous sommes faites de la nature divine. Ces affections sont : la vénération pour son incompréhensible et infinie grandeur, l'adoration de sa puissance et de sa sagesse, la reconnaissance pour ses innombrables et inappréciables bienfaits, une disposition constante à obéir de bonne grâce à ses lois, la crainte de son courroux, un joyeux espoir en son approbation, un vif désir de l'imiter autant qu'il est en nous [1], enfin une ferme volonté de seconder, dans la mesure de nos forces, les desseins de la provi-

[1] On reconnaît ici la maxime platonicienne : ὁμοίωσις τῷ Θεῷ κατὰ τὸ δυνατόν. (N. du tr.)

dence, en propageant la vertu et le bonheur chez nos semblables. Quiconque croit en l'infinie bonté, grandeur, sagesse, justice et puissance de l'être suprême reconnaîtra que ces glorieux attributs appellent naturellement et nécessairement en nos ames les pieuses affections qui viennent d'être mentionnées, et que ne pas entretenir ces affections ou encourager les mauvaises passions qui leur sont contraires, est un crime au plus haut degré et une violation des lois de la nature.

71. Un troisième élément à considérer dans la piété est le culte, ou l'expression extérieure en paroles et en actes, des sentiments religieux. A l'occasion de cet important devoir, je ferai remarquer, en premier lieu, qu'il est parfaitement naturel. Les bons sentiments, quand ils sont puissants, comme doivent l'être les sentiments religieux, ont une tendance à se manifester extérieurement; et là où cette manifestation n'a pas lieu, il est à craindre que les sentiments ne soient faibles ou nuls. Si un homme est reconnaissant envers son bienfaiteur, il le lui dira; mais s'il ne fait aucun remercîment, s'il ne donne aucun signe extérieur de reconnaissance, on pourra l'accuser d'ingratitude. Quand nous admirons la sagesse et que nous aimons la bonté d'un de nos semblables, nous lui montrons naturellement du respect, nous nous confor-

mons à ses volontés, nous nous recommandons à sa faveur, et nous lui parlons ou nous parlons de lui en termes d'estime et de gratitude, et plus sont grandes sa sagesse et sa bonté, plus nous sommes portés à en agir ainsi. Or, la sagesse et la bonté de Dieu sont parfaites et infinies; et, si nous vénérons ces attributs comme nous le devons, il ne doit nous être ni naturel ni aisé de dissimuler cette vénération, de manière à l'empêcher de se produire extérieurement. Il est vrai que l'être omniscient connaît toutes nos pensées, que nous les exprimions ou non; mais si, en les manifestant de temps en temps par des paroles, nous nous acquittons d'un devoir qu'il nous impose; si, d'ailleurs, une semblable manifestation nous est profitable à nous-mêmes, et qu'elle ait, à titre d'exemple, de bons effets sur nos semblables, il n'est besoin d'aucun argument pour prouver l'utilité d'une telle pratique.

72. Il faut donc considérer avec quelle puissance le culte, convenablement dirigé, tend à notre progrès dans toutes les voies de la vertu. Accueillir une émotion pieuse, l'entretenir en notre cœur, méditer sur son objet, l'exprimer sous une forme respectueuse et en temps opportun, sont autant de moyens propres à fortifier cette émotion; au lieu que réprimer sa manifesta-

tion extérieure, ne penser à elle ou à son objet que rarement et légèrement, c'est l'affaiblir et même s'exposer, avec le temps, à la détruire. En outre, plus nous contemplons les perfections de Dieu, plus nous devons les admirer, les aimer, les adorer, sentir notre misère et le besoin que nous avons d'assistance et de pardon. Et cette demande que nous faisons à Dieu d'assistance et de pardon, si elle est fréquente et sincère, doit nous porter à veiller sur nos actes, et à ne rien faire qui puisse l'offenser. Ces considérations seules recommanderaient le culte extérieur comme le moyen par excellence de perfectionner notre nature morale. Mais les chrétiens savent d'ailleurs que ce devoir leur est expressément imposé, et que des grâces particulières sont promises à son parfait accomplissement. L'oubli de ce devoir serait donc, en nous, chose inexcusable et souverainement coupable.

73. Puisque telle est l'importance de ce devoir, nous devons non-seulement le pratiquer nous-mêmes, nous devons encore, par le précepte et par l'exemple, en ayant soin cependant d'éviter toute ostentation, engager nos semblables à l'accomplir également. De là, d'abord, résulte pour nous l'obligation d'un culte social et public; mais cette obligation résulte encore

de plusieurs autres ordres de considérations. L'une d'entre elles se puise dans la nature et l'influence de la sympathie, qui a pour effet de fortifier en nous tous les bons sentiments. En nous associant à nos semblables pour les pratiques religieuses, nous travaillons à nous rendre religieux, et cette seule considération devrait nous déterminer. En outre, le culte public, en réunissant une collection d'hommes de conditions différentes dans le but commun de prier le père suprême de tous, d'implorer sa miséricorde et sa protection, doit tendre puissamment à entretenir en nous les vertus sociales en même temps que la piété. Les inégalités de rang et de fortune qui se rencontrent dans la société font naître l'indispensable nécessité d'un acte commun à tous, qui vienne rappeler aux hommes qu'ils sont tous égaux d'origine, tous placés dans la même condition d'épreuve, tous sujets aux mêmes besoins et aux mêmes faiblesses, tous également subordonnés, à titre de créatures responsables, au maître suprême de l'univers. Que, dans ces pieuses relations, les petits apprennent la résignation, les grands l'humilité, tous la charité, la douceur, l'indulgence mutuelle.

74. Les relations des hommes entre eux ont pour effet le perfectionnement tout-à-la-fois de

leur caractère et de leur intelligence. Une vie isolée engendre habituellement des mœurs farouches, l'égoïsme, l'ignorance ; au contraire, des relations fréquentes font connaître aux hommes le caractère et la condition de leurs semblables ; ils s'accoutument à s'y intéresser ; ils acquièrent des connaissances plus étendues ; ils apprennent à rectifier leurs opinions et à réformer leurs préjugés ; en un mot, ils deviennent plus humains, plus généreux, plus intelligents. Aussi, sans ce jour de repos fixé au commencement de chaque semaine, et sans les assemblées solennelles consacrées au culte public et aux instructions religieuses, les travaux du commun du peuple, c'est-à-dire de la plus grande fraction de l'humanité, seraient insupportables. La plupart de ces hommes vivraient et mourraient dans la plus entière ignorance, et ceux qui seraient loin de tout voisinage dégénéreraient en barbares. Les hommes sont vicieux, mais il y a lieu de croire qu'ils seraient mille fois pires encore sans cette institution dont la sagesse et l'humanité ne sauraient être assez admirées, et dont l'observance, si elle était aussi stricte qu'elle devrait l'être d'après le précepte, contribuerait efficacement à l'accroissement de la prospérité publique aussi bien que des vertus privées.

75. La piété est pour nous un devoir, non de tel jour ou de tel autre, mais de tous les temps; en d'autres termes, nous devons constamment avoir le sentiment de notre dépendance vis-à-vis de Dieu, et des bienfaits que nous recevons continuellement de lui; nous devons constamment aussi nous montrer reconnaissants, soumis, résignés, et ne pas oublier que nous sommes incessamment en sa présence. De tels sentiments, entretenus habituellement dans nos cœurs, contribueraient puissamment à nous rendre meilleurs et plus heureux, en nous tenant éloignés de tout calcul criminel, et en donnant un attrait exquis à tous les plaisirs innocents. Que l'on n'aille pas supposer que le discours soit essentiel à la piété. Chaque jour, sans doute, les paroles peuvent être nécessaires pour venir en aide à la dévotion et pour rendre les instincts religieux tellement déterminés et compréhensifs, qu'ils impriment profondément en nos ames le sentiment de tous nos devoirs. Mais il peut naître dans l'esprit de pieuses émotions, sans qu'il soit opportun de les exprimer, ou même en ces sortes d'instants où, pour éviter de se donner l'apparence de l'ostentation ou de l'hypocrisie, il faut s'abstenir de toute expression.

76. Les vices, je devrais plutôt dire, les cri-

mes opposés à la piété ou destructifs de la piété, sont l'athéisme, l'impiété, la superstition et le fanatisme. Le premier consiste à douter ou à tenter de faire douter les autres de l'existence et des attributs de Dieu. Douter soi-même, c'est de l'athéisme spéculatif; inspirer le doute à autrui, c'est de l'athéisme pratique; tous deux impliquent la dureté du cœur et le pervertissement de l'intelligence; mais il y a en plus chez le dernier une incurable vanité et une malice portée à l'extrême. On a mis en doute si une créature raisonnable peut être réellement athée; pour moi, je serais tenté de croire l'athéisme spéculatif impossible, si je n'avais entendu parler, et si je n'avais été moi-même le témoin de plusieurs exemples d'athéisme pratique. Quoique ce soient là deux fautes très-graves, la seconde l'est assurément davantage, et peut-être est-elle la plus énorme dont la nature humaine soit capable.

77. L'impiété consiste à négliger la culture des sentiments religieux ou à entretenir de mauvaises passions qui leur soient opposées, ou enfin, à se rendre coupable, en pensée ou en paroles, de choses qui soient de nature à affaiblir notre respect ou celui d'autrui pour les attributs divins, la providence ou la révélation. Si nous négligeons les moyens d'entretenir des sentiments religieux, c'est une preuve que la

piété est bien faible en nous, ou plutôt, qu'elle n'existe pas ; c'est une preuve encore que nous faisons peu de cas de notre propre perfectionnement, et que nous sommes insensibles aux plus chers intérêts de l'humanité. L'absence de tout pieux sentiment est l'indice d'une grande dépravation. Quand la bonté infinie ne peut éveiller notre amour, quand la toute-puissance ne peut commander notre respect, quand la sagesse infaillible ne peut exciter notre admiration, quand les bienfaits les plus grands, continuellement et gratuitement répandus sur nous, ne peuvent faire naître notre gratitude, combien ne faut-il pas que nous soyons déraisonnables et pervers ! Pour nous tenir en garde contre de telles impiétés et d'autres de la même sorte, nous ferons bien de méditer souvent sur les perfections divines, sur notre indignité, sur notre dépendance, sur nos nombreuses infirmités. Par de tels moyens, nous pourrons nous guérir de l'orgueil et de la présomption, passions très-contraires à la piété, et former notre esprit à la gratitude, à l'humilité, à la dévotion. Mais si, au lieu de cela, nous entretenons de mauvaises passions, d'une nature opposée à ces louables sentiments, si nous nous permettons des actes impies, si nous laissons pénétrer en nos ames d'indignes pensées à l'égard du créateur, si nous nous servons irrespectueusement de son nom dans nos discours, si nous l'invoquons en témoignage de choses fausses ou frivoles, si nous nous faisons une habitude de jurer, de blasphêmer, ou de parler irrévérencieusement de son adorable majesté, si par des arguments sérieux nous combattons les principes religieux, ou que, par des parodies ou de burlesques allusions, nous tentions de faire du texte de la sainte Écriture un objet de moquerie, dans l'un ou l'autre de ces cas, il est évident que nos ames sont plus ou moins familiarisées avec l'impiété, et en imminent danger de complète dépravation.

78. La superstition et le fanatisme procédant d'une même cause, à savoir de fausses opinions touchant la divinité, pourront être guéries par le même remède; c'est-à-dire par le redressement des opinions fausses et par l'acquisition d'idées saines et justes. Il y a pourtant entre eux cette différence, que la superstition se trouve plutôt chez les ames faibles et timorées, le fanatisme chez les ames orgueilleuses et présomptueuses. Aussi, la cure ne saurait être complète, si d'un côté l'ame ne reçoit pas force et animation, et si, de l'autre, elle ne s'ouvre pas à l'humilité et à la modestie. La superstition revêt différentes formes, suivant la diversité des idées

fausses que l'on peut entretenir concernant les êtres invisibles ; et comme les variétés de l'erreur sont innombrables, celles de la superstition doivent l'être également.

79. La supposition que le monde est gouverné par un être ou par des êtres capables de se complaire dans la vengeance et dans le malheur des natures subalternes, enfante une hideuse forme de superstition, entièrement dominée par la cruauté et par la crainte, qui porte le pauvre idolâtre, désireux d'apaiser ses démons, aux mortifications les plus déraisonnables et les plus absurdes, ou même au meurtre de créatures humaines, sous la dénomination de sacrifice. La supposition que Dieu approuve exclusivement telles doctrines, contradictoires aux révélations les plus claires de la raison, est la source d'un zèle superstitieux, qui pousse celui qui en est animé à la propagation de ces doctrines, en même temps qu'au mépris, à la haine, ou peut-être à la persécution de ceux qui refusent de dire qu'ils y croient. La supposition que Dieu admire ou approuve ce que la vanité de quelques mortels appelle magnificence, produit une autre espèce de superstition qui se plaît dans le faste et dans certains rites propres à éveiller l'admiration des enfants et des hommes qui n'ont pas plus de raison que les enfants. Croire qu'il gou-

verne le monde, non selon les règles éternelles de la raison, mais d'après d'incessantes variations de caprice et d'humeur, et qu'il admet d'autres êtres, quelques uns même des plus méprisables que l'on puisse concevoir, à en partager le gouvernement avec lui, est la source d'une superstitieuse croyance aux rêves, aux augures, aux sorciers, aux spectres, aux enchantements et autres choses ridicules qui ne sauraient jamais avoir d'influence sur un esprit animé de convictions fortes, et pénétré de cette vérité, que Dieu gouverne la nature entière, et que rien ne saurait arriver sans sa permission. Mais l'énumération de toutes les variétés de la superstition serait interminable. L'histoire de l'humanité n'en offre que trop d'exemples. Ayons donc soin de fortifier nos cœurs par une ferme croyance en un seul et vrai Dieu, et d'y entretenir cette humble sérénité, si bien en harmonie avec une pieuse crainte, et résultat d'une parfaite résignation à sa volonté, en même temps que d'une ferme confiance en la sagesse et en la bonté de tous ses décrets.

80. L'enthousiasme [1], quand ce mot n'équi-

---

[1] Le mot anglais *enthusiasm* veut dire tout-à-la-fois *enthousiasme* et *fanatisme*. (N. du tr.)

vaut pas à *fanatisme*, et qu'il désigne, comme il arrive souvent, élévation d'esprit, ardeur d'imagination, force d'attachement, peut être non-seulement innocent, mais encore louable; il est même rare que, sans enthousiasme, une grande entreprise ait jamais été accomplie. L'enthousiasme, que l'on doit regarder comme nuisible à la piété, est cette présomption que se créent des hommes faibles, arrogants, égoïstes, d'être meilleurs que d'autres et plus favorisés du ciel. Ce travers d'esprit, qu'on a aussi appelé orgueil spirituel, est la source de bien des passions haineuses et perverses, d'un défaut de charité, du mépris de la vertu, de l'esprit de persécution. Il n'y a de véritablement pieux que celui qui est humble, peu confiant en ses propres forces, désireux de faire du bien à ses semblables, et disposé à les juger le plus favorablement possible. Nous ne saurions nous tenir trop scrupuleusement en garde contre le vice, ni le blâmer trop sévèrement en nous-mêmes; mais l'horreur que le vice nous inspire ne doit jamais s'étendre à nos semblables. Nous n'avons le droit de regarder aucun d'entre eux comme réprouvé aux yeux de Dieu. Quelle que soit leur perversité (et nous ne sommes pas toujours juges compétents de sa mesure), il est de notre devoir de croire que Dieu, puisqu'il les laisse vivre, et qu'il leur accorde le temps de se repentir, veut les admettre à se réconcilier avec lui.

81. Les considérations qui pourraient émouvoir notre compassion et notre charité envers nos malheureux frères esclaves du vice, sont nombreuses. Comment pouvons-nous, au moins en bien des cas, savoir si, au moment où ils sont tombés en faute, ils possédaient l'usage entier de leurs facultés rationnelles? Comment juger de la violence de leurs passions ou de la nature précise de la tentation qui les a entraînés? Peut-être n'ont-ils pas eu au même degré que nous l'avantage d'une bonne éducation ou de relations habituelles avec des amis vertueux. Comment savons-nous enfin si, nous étant trouvés à leur place et eux à la nôtre, leur conduite n'eût pas été aussi bonne et même meilleure que la nôtre, et la nôtre aussi mauvaise ou même pire que la leur? Quant au degré de bonté morale que nous supposons avoir atteint, nous pouvons tenir pour certain que cette bonté n'a rien de réel si nous en concevons le moindre orgueil. Plus un homme progresse en vertu réelle, plus il sent et regrette son imperfection, et plus aussi il devient charitable dans les jugements qu'il porte sur autrui.

SECTION II.

Des vertus sociales, ou devoirs des hommes entre eux.

82. Parmi nos passions et autres principes actifs de notre nature, il en est qui nous portent au mal à l'égard de nos semblables, d'autres qui nous portent au bien. Les devoirs sociaux consistent à réprimer et à régler les unes de ces passions, et à entretenir les autres. A la première de ces deux catégories appartient le ressentiment ou sentiment de l'offense, passion innocente en elle-même parce qu'elle est naturelle, et utile en ce qu'elle porte les hommes à se tenir en garde les uns vis-à-vis des autres, mais en même temps sujette à devenir coupable par l'excès ou à se pervertir sous l'influence de quelqu'autre motif. Ressentir trop vivement une injure, s'en offenser plus qu'il ne convient, est un excès de ressentiment qui a fréquemment sa source dans l'orgueil, et, en ce cas, il est très-blâmable; mais si, comme il arrive fréquemment, cette disposition provient d'une irritabilité nerveuse, résultat d'une santé mauvaise, ou peut-être de l'infortune, elle devient alors plus excusable; toutefois, il est bien de s'en garder avec soin, parce qu'elle est de nature à mécontenter autrui, et qu'elle rend malheureux celui en qui elle se trouve. Un abus pire encore dans

le ressentiment, c'est la vengeance, qui, si elle était universellement exercée, donnerait naissance à des désordres sans fin et sans aucun bon résultat, au moins dans les sociétés civilisées. D'autres abus du ressentiment sont la colère et la mauvaise humeur. Parmi les sermons de l'évêque Butler, il en est un très-remarquable sur le ressentiment, et j'y renvoie pour de plus amples détails.

83. En opposition au ressentiment et à tous ses abus, viennent se placer la bonté, vertu aimable, et le pardon, vertu non-seulement aimable, mais sublime et divine. Celui qui possède ces vertus doit trouver qu'elles contribuent, dans un très-haut degré, à la paix, à la prospérité, à l'honneur, même en ce monde; tandis que, sans elles, il n'y a pas de bonheur à espérer dans l'autre vie, notre religion ayant solennellement déclaré qu'il ne nous sera pardonné qu'autant que nous pardonnerons. Peu d'hommes méritent moins d'être respectés que ceux qui sont implacables et querelleurs, qui s'offensent facilement, qui voudraient poursuivre une injure à outrance, ou qui prennent plaisir à faire à autrui une injure qu'ils savent n'être pas punie par la loi. Un poète moderne, Armstrong, a été applaudi par un sophiste moderne pour avoir dit : « La vertu, quand elle

» se borne à un bon naturel, est de la niaiserie; » la véritable vertu, c'est de l'esprit et du bon » sens avec de la bonté. » On aurait pu dire, avec autant de propriété et de précision : « La » vertu, c'est du grec et du latin, avec de la » bonté. » Le bon sens et l'esprit, le grec et le latin, peuvent assurément être les auxiliaires de la vertu, mais ils peuvent aussi servir la cause du vice; ils ne sont donc ni vertus morales, ni éléments de vertu morale. Et, si bon naturel équivaut à niaiserie, que dira-t-on d'un mauvais naturel? L'appellera-t-on sagesse? Que dira-t-on des honnêtes gens (car les honnêtes gens ont un bon naturel)? Les traitera-t-on de niais? Il serait difficile de citer une circonstance où la réputation d'un homme baisserait dans notre estime, parce qu'on nous dirait que cet homme a un bon naturel, au lieu que le contraire ne manque jamais d'arriver, excepté peut-être aux yeux des querelleurs ou autres hommes grossiers.

84. Le principe qui réprime les passions malveillantes, en nous disposant à rendre à chacun ce qui lui appartient, s'appelle justice; principe d'une très-grande étendue, et dont on peut dire, sans impropriété de langage, qu'il entre comme élément dans toutes les vertus, de même qu'on pourrait dire qu'en tout vice il y a quelque chose d'injuste envers Dieu, notre prochain, ou nous-

mêmes. En ce qui concerne notre prochain, la grande règle de justice est celle-ci : « Faites à autrui ce que vous voudriez qu'on vous fît à vous-même », précepte dont nous devons la formule complète à l'Évangile, et que l'on ne saurait trop admirer pour tout ce qu'il y a en lui de clarté et de raison, et en même temps pour la propriété dont il jouit de se graver aisément dans la mémoire, et d'être praticable en toute rencontre. La véracité, la fidélité à la parole donnée, l'accomplissement des promesses, et tous les devoirs compris dans la bonne foi et la loyauté, sont des éléments de la justice, et doivent être dirigés par cette règle divine.

85. Parmi les devoirs de la seconde catégorie, qui consistent à nous laisser aller à ces affections qui nous portent à faire du bien à autrui, le premier est la bienveillance, la charité, l'amour envers tous les hommes sans exception. La nature nous a créés tous frères les uns des autres ; nous nous trouvons placés dans des conditions semblables, sujets aux mêmes besoins et aux mêmes infirmités, doués des mêmes facultés, et également dépendants de l'auteur suprême de notre être ; nous ne pouvons être plus heureux que dans la société les uns des autres, et chaque jour nous recevons ou pouvons recevoir les uns des autres d'importants

services. Ces considérations donnent un grand poids à l'important devoir de la bienveillance universelle, vertu qui n'est pas plus avantageuse à autrui qu'à nous-mêmes ; car elle est pour nous une source de bonheur intime ; elle nous fait aimer de tous ceux qui nous connaissent; elle contribue même à la santé du corps, et dispose l'ame à toutes les émotions honnêtes; tandis que les passions malveillantes dégradent l'entendement, endurcissent le cœur et rendent l'homme désagréable à ses semblables et à charge à lui-même. Un second devoir de cette classe est la pitié, ou cette sympathie qui nous porte à nous secourir mutuellement dans le malheur. Un troisième est la gratitude, qui nous rend désireux de reconnaître les bienfaits que nous avons reçus. Nous avons déjà parlé spécialement de cette vertu. Les gens de bien ont un titre particulier à l'amour et à l'estime. L'homme qui, guidé par le principe de bienveillance, fait du bien à l'un de ses semblables, oblige en même temps la société tout entière; car il montre qu'il a à cœur les intérêts de l'humanité, et il donne un bon exemple. Notre amour pour les gens de bien participe donc du caractère de la reconnaissance ; l'absence de ce sentiment est l'indice d'une telle dépravation, que les plus méchants eux-mêmes en auraient honte.

86. Le patriotisme, ou amour de notre pays, a été, de tout temps, au moins dans les états libres, regardé comme une vertu sublime. Cette vertu est une inspiration de la nature, et son utilité est incontestable ; car, ainsi que le remarque Cicéron [1], toutes nos affections bienveillantes envers nos parents, nos amis, nos bienfaiteurs, s'y trouvent comprises. Le patriotisme élève l'ame, développe le génie, le courage, la bienveillance, le sentiment de l'honneur. La reconnaissance même nous impose l'obligation de défendre, autant qu'il est en nous, le gouvernement qui nous a protégés nous et nos pères. La meilleure preuve de patriotisme que puisse donner l'homme dans la vie privée, est de se montrer ami de la paix, et de donner l'exemple de la piété, du travail, de la modération. L'homme vicieux, égoïste, turbulent, n'est pas un véritable patriote, quelles que puissent être ses prétentions à ce titre.

87. Il convient que nous ayons des égards particuliers envers ceux avec qui nous sommes unis par des liens de parenté, d'amitié, de voisinage, de confraternité. Un tel penchant est selon la nature ; car nous sommes enclins

---

[1] *De Officiis*, 1, 17. (N. de l'auteur.)

à contracter de l'attachement pour ceux que nous voyons tous les jours et avec qui nous avons des relations habituelles ; il a, d'ailleurs, l'avantage de contribuer au bien-être des diverses sociétés dont l'ensemble constitue la grande société humaine. Toutefois, ni ce sentiment, ni l'amour même de la patrie, ne doivent contrarier en rien le grand devoir de charité universelle. Un étranger, un ennemi même, ont des droits à nos bons offices. « Si » ton ennemi a faim, donne-lui à manger ; » s'il a soif, donne-lui à boire. » Il est assurément de notre devoir de défendre notre pays, et de maintenir ses lois et sa liberté, et cela, au même titre qu'il est du devoir de chacun de prendre soin de lui-même, ainsi que de ceux qui dépendent de lui et qu'il est en son pouvoir de protéger contre l'offense ; mais, néanmoins, il n'est permis ni à un homme, ni à une nation, de s'élever au détriment d'autrui.

88. Un dernier genre de devoirs dont il nous reste à parler, quant à présent (car plusieurs ont été mentionnés antérieurement, et d'autres le seront par la suite), c'est l'affection naturelle des parents et des enfants. Cette affection, règne, à un degré plus ou moins élevé, dans toute la nature animée, excepté pourtant chez quelques espèces inférieures où elle n'est pas

nécessaire à la conservation des petits. Je m'exprime improprement quand je parle de cette affection comme d'un devoir, et que je la signale en même temps chez les animaux dénués de raison. Elle ne saurait être un devoir que pour les êtres qui ont le sentiment du devoir, c'est-à-dire, qui sont doués d'une faculté morale. Chez les brutes, l'affection naturelle est un pur instinct; instinct admirable, il faut le reconnaître, mais enfin rien de plus. Chez les êtres raisonnables, c'est à-la-fois un instinct et un devoir; et quand cet instinct et ce devoir viennent à se réaliser dans l'action, c'est alors une vertu. Les enfants naissent dans un état de dénuement qui se prolonge chez eux bien plus long-temps que chez les petits animaux, et ils exigent des soins d'éducation tout autrement importants; car il ne s'agit pas seulement de les former à la vie physique en leur apprenant à se subvenir à eux-mêmes, chose que les brutes connaissent par instinct, il faut encore les former à la vie morale et au rigoureux accomplissement des nombreux devoirs qui leur sont imposés comme à des êtres raisonnables et immortels. Aussi, dans l'espèce humaine, l'affection naturelle est et doit être plus puissante que partout ailleurs, et se maintenir toute la vie. Chez les autres espèces, elle dure autant que les petits sont incapables de se pourvoir à eux-mêmes, et chez la plupart d'entre elles, pas au-delà.

89. A moins que l'accomplissement de ce devoir n'ait lieu dans des circonstances défavorables, ou d'une manière tout-à-fait exemplaire (particularités qui rehaussent le mérite de toute vertu), cet accomplissement n'est pas considéré comme une preuve de remarquable bonté morale, attendu que l'impulsion qui nous y détermine est presque irrésistible; mais, pour la même raison, son infraction encourrait le blâme le plus accablant. Un père dénaturé est un objet non pas seulement de désapprobation, mais d'horreur. Un enfant rebelle n'est pas moins odieux. Il n'est pas même aisé de déterminer lequel des deux est le plus condamnable. Le premier contrarie un des meilleurs et des plus puissants instincts de la nature, en ne prenant pas soin de la conservation de ceux à qui il a donné la vie; et en même temps il manifeste une indifférence absolue pour le bien de la société qui tomberait bientôt en un abîme de calamités, si les parents négligeaient l'important devoir d'élever leurs enfants. D'autre part, l'enfant rebelle ferme son cœur à la voix du sentiment naturel; il fait voir qu'il est capable de haine envers ses meilleurs amis et d'in-

gratitude pour les bienfaits les plus grands ; enfin, il se rend coupable de la plus atroce cruauté en blessant le cœur et en détruisant les espérances d'un père, à qui (pour emprunter ici le langage énergique d'un poète qui connaissait à fond la nature humaine), « la dent d'un » serpent ne fait pas une blessure plus cruelle » que l'ingratitude d'un fils. » A quoi je prendrai la liberté d'ajouter que, de tous les enfants rebelles que j'ai eu le malheur de connaître, ou dont j'ai pu entendre parler, aucun n'a jamais été heureux.

SECTION III.

Des devoirs de l'homme envers lui-même.

90. Il est du devoir de l'homme d'éviter la paresse, de suivre une carrière utile, et de prendre soin de sa vie et de sa santé ; ce sont là autant de devoirs envers la société et envers nous-mêmes. En effet, l'instinct de la conservation est un des principes les plus naturels et les plus puissants de notre constitution. En second lieu, sans activité, il ne saurait y avoir de bonheur ; et ni l'individu, ni la société ne peuvent prospérer sans le travail. Le travail est toujours louable ; mais on lui donne communément peu d'éloges tant qu'il reste dans les limites vulgai-

res ; on s'accoutume alors à le considérer comme étant à lui-même sa récompense, ses résultats naturels étant l'utile et l'agréable. Aussi, les motifs qui nous portent au travail sont si puissants et si évidents à tout homme de sens, qu'il ne saurait y avoir un mérite bien rare à leur obéir. La paresse étant pareillement son châtiment à elle-même, et communément accompagnée du besoin, de la maladie et du mépris, est un objet de pitié en même temps que de désapprobation ; mais le premier de ces sentiments tempère l'autre, quand leur objet est le même. Nous blâmons la paresse, nous méprisons l'homme qui en est l'esclave, et nous nous éloignons de lui ; mais nous ne ressentons pas contre lui ces élans d'indignation qui se manifestent en nous au récit d'un acte de cruauté, d'ingratitude ou de perfidie.

91. Un travail peu commun ou une extrême paresse donnent cependant, soit en bien, soit en mal, une plus grande énergie à nos sentiments moraux. Ceux qui travaillent incessamment, et plus que leurs besoins ne l'exigent, au perfectionnement des arts utiles, ont droit à l'admiration et à la reconnaissance générale. A de tels hommes, des statues ont été élevées, des honneurs publics décernés; on leur a même, aux époques d'idolâtrie, rendu les honneurs

divins. Le travail, ainsi entendu, comprend plusieurs espèces de vertus : l'activité, un amour-propre raisonnable, l'empire de l'esprit sur les sens, la bienveillance, le patriotisme, enfin le désir de faire le meilleur usage possible des dons et des talents que Dieu a départis à l'homme. Le contraire de tout ceci se dit de l'homme qui, sourd à la voix de l'honneur, de l'amitié, du sentiment social, du sentiment naturel, s'abandonne à l'oisiveté, et peut se résoudre à voir dans le malheur les êtres qui dépendent de lui, ses amis dans la peine, lui-même inutile et déshonoré, plutôt que de secouer cette honteuse habitude. Sans être coupable de ces atrocités qui appellent la vengeance des lois humaines, un pareil homme est tellement entaché de vice, qu'il est impossible de ne pas le regarder comme criminel au premier chef. La pitié que sa misère peut nous inspirer est une pitié qu'il ne mérite pas ; car on remarque généralement que des hommes de cette espèce tirent de leur paresse et même de leur déshonneur tout le profit qu'ils désirent, et qu'ils sont plus disposés à se glorifier qu'à rougir de leur avilissement.

92. Je ne puis quitter un sujet aussi important pour la jeunesse sans entrer en de plus amples explications. L'activité est tellement es-

sentielle à l'ame humaine, que, suivant un grand nombre de philosophes, elle ne saurait jamais être suspendue. Ce qu'il y a de certain, c'est que, sans le travail, l'ame ne peut échapper au vice, et que si elle ne s'emploie pas au bien, ce sera au mal. L'activité est essentielle au bien-être de l'ame comme à celui du corps. L'homme a été créé pour le travail, et ceux qui ne s'y livrent point par nécessité doivent le faire par récréation, comme, par exemple, à la chasse, aux courses à cheval, à la promenade, sans quoi ils languissent dans l'indolence et deviennent ainsi la proie de la mélancolie et de la maladie. Un corps inactif est toujours malade; un esprit inactif est toujours malheureux. Dans les rangs les plus élevés de la société, les gens qui ne s'occupent pas de commerce, ou qui ne se soucient pas de cultiver leur esprit par l'étude, sont souvent fort en peine de savoir comment tuer le temps et chasser les soucis. Ils ont alors recours aux fêtes, au jeu, à la débauche; ils s'occupent à écouter et à débiter des médisances et des mensonges, qu'ils appellent les nouvelles du jour, ou se jettent en un interminable embarras de visites auxquelles n'ont rien à gagner ni l'amitié, ni les conversations raisonnables; ou bien encore, ils se mettent à courir les spectacles et autres lieux de dissipation, et, trop fréquemment (c'est à craindre, du moins), ils se livrent à des actes plus criminels encore en employant la séduction à conduire leurs semblables à la perdition et à l'infamie. J'en appelle à tout homme de bon sens : n'eût-il pas mieux valu, pour leurs ames comme pour leurs corps, pour la vie présente et pour la vie future, que de tels hommes eussent travaillé pour gagner le pain de chaque jour? Je le demande : la condition d'un honnête laboureur ou d'un ingénieux mécanicien, n'est-elle pas, sous tous les rapports, plus heureuse et plus honorable, plus exempte de dangers et de désenchantements, moins exposée à la tyrannie de passions déréglées et d'appétits insatiables ?

93. L'oisiveté est dangereuse pour la vertu à toutes les époques de la vie ; mais elle est plus redoutable à la jeunesse qu'à tout autre âge. Il est donc plus particulièrement du devoir des jeunes gens de s'en garantir. En effet, dans la jeunesse, les facultés actives sont éveillées et impatientes, et infailliblement elles nous portent au mal, si on ne leur trace un cercle d'opérations dans les limites du devoir. Dans la jeunesse, les passions sont turbulentes, l'amour du plaisir est vif : et, comme l'expérience et le savoir sont rares, et la prévoyance superficielle, l'homme a besoin de recourir aux

conseils de la prudence et du jugement, attributs ordinaires de l'âge mûr. Dans la jeunesse, l'esprit cède aisément à toutes les impressions nouvelles, et particulièrement à celles qui nous portent aux émotions déréglées. Enfin, dans la jeunesse, l'homme est opiniâtre, inconstant, vain, suffisant, ennemi de la réflexion, attaché au présent, peu soucieux de l'avenir, oublieux du passé, par conséquent, plus exposé à la tentation et à l'oisiveté. Je n'ai pas l'intention d'écrire ici une satire contre la jeunesse, ni de prétendre qu'il n'y ait pas d'exceptions à ce que je viens de dire; j'en connais, au contraire, plusieurs. Mais je n'hésiterai pas à affirmer qu'une jeunesse écoulée dans l'oisiveté n'est jamais suivie d'une vieillesse respectable. Les habitudes contractées à cet âge jettent de profondes racines, et des habitudes d'oisiveté sont toujours très-difficiles à détruire.

94. Un autre devoir de l'homme envers lui-même et envers la société, c'est la tempérance. Pour être tempérant, il n'est pas besoin de grands efforts, et c'est là ce qui rend l'intempérance moins excusable, surtout si l'on considère les conséquences bien connues qu'elle entraîne après elle. Les hommes habituellement intempérants sont, à bon droit, privés de l'estime de leurs concitoyens, en ce qu'ils se ren-

dent incapables d'aucun devoir et s'exposent à enfreindre les lois; car, soit qu'ils deviennent stupides par la gourmandise ou furieux par l'ivrognerie, ils se montrent également insensibles à la dignité de leur nature et à la voix de l'honneur et du devoir. Les sauvages et les peuples à demi civilisés sont esclaves de ces vices, qui passent de plus en plus pour grossiers à mesure que les arts et les mœurs se perfectionnent. Toutefois, ce que nous disons ici souffre exception chez certains peuples civilisés.

95. Les Athéniens aimaient le vin et la danse; les Romains, au contraire, dans les meilleurs jours de leur existence politique, étaient sobres et tempérants. Cicéron, dans son discours pour Murena, dit qu'il n'y a que des hommes ivres ou fous qui dansent; et il est remarquable, comme le même écrivain le fait observer ailleurs, que le mot grec qui veut dire *repas* (συμποσίον), signifie en même temps *boire ensemble*, tandis que le mot latin *convivium* signifie *vivre ensemble*. Dans le *Banquet* de Platon, auquel assistaient, dit-on, Socrate et plusieurs autres personnages de distinction, on propose d'entrer dans quelques recherches philosophiques, afin d'éviter l'excès du boire; mais voici qu'avant la fin du repas on voit entrer avec grand fracas et en état d'ivresse le jeune Alcibiade,

tandis qu'Aristophane témoigne, par des hoquets répétés, qu'il a trop mangé et trop bu. Dans quelques états de la Grèce, cependant, les lois contre l'ivrognerie étaient sévères. Pittacus de Lesbos avait établi que tout crime commis par un homme ivre encourrait un double châtiment, l'un dû au crime, l'autre dû à l'ivresse ; ce qui, bien que contraire aux principes d'une morale rigoureuse, n'était pourtant pas un mauvais moyen politique. En France, en Italie, dans les classes aisées en Angleterre, l'ivrognerie est à peine connue, et, en Écosse, nous commençons, sous ce rapport comme sous bien d'autres, à nous améliorer, grâce à l'exemple de nos voisins du sud.

96. Comme les habitudes d'ivrognerie ne se contractent pas aisément, par la raison que chez la plupart des hommes , et particulièrement chez les jeunes gens, elles entraînent à leur suite des accès de fièvre et des maux de tête, il est aisé aux jeunes gens de les éviter. J'ai fréquemment rencontré des hommes qui s'étaient fait une règle de ne jamais boire que de l'eau ; on respectait en eux cette habitude ; ils possédaient la force et la santé, la vigueur d'esprit, la gaîté du cœur à un degré peu commun, et ils étaient si loin de se considérer comme soumis à une pénible contrainte, qu'ils m'ont assuré n'avoir

pas plus d'envie de boire du vin ou des liqueurs fortes, que je n'en aurais de prendre une médecine nauséabonde. Si je pouvais persuader à mes jeunes amis (pour lesquels je ne me fais pas scrupule d'entrer de temps en temps en quelques digressions), d'imiter cet exemple, ce serait un grand service que je rendrais à leur ame et à leurs corps, à leur fortune et à leur raison, et j'aurais le bonheur de contribuer à écarter loin d'eux mille vices et mille folies, ainsi qu'un grand nombre de ces infirmités, qui assiégent la vieillesse de celui qui a donné carrière à son intempérance en sa jeunesse.

97. Les personnes d'une constitution délicate ou mauvaise peuvent juger nécessaire de suivre le précepte de l'apôtre Timothée, et de prendre un peu de vin à cause de la faiblesse de leur estomac. Mais combien plus heureuses et plus indépendantes n'eussent-elles pas été, si elles n'avaient jamais eu besoin de ce cordial! Ce qui aurait pu se faire si elles avaient été uniformément et rigoureusement tempérantes en leur jeunesse. L'apôtre semble faire entendre que les liqueurs enivrantes ne doivent être prises qu'à titre de remèdes. Ayons toujours ce précepte sous les yeux, et nous n'attacherons alors aucune importance à ces saillies à la louange du vin, que l'on trouve dans Anacréon et d'autres poètes

bachiques, qui, pour mieux cacher leur folie, voulaient la faire partager à leurs lecteurs. J'ajouterai seulement que des habitudes d'ivrognerie aussi bien que d'oisiveté sont extrêmement pernicieuses à tout âge; mais contractées dans la jeunesse, elles manquent rarement de finir par la débauche la plus extrême, ou une mort prématurée, ou peut-être même par l'une et l'autre à-la-fois. De vieux pécheurs peuvent user d'une prudence et d'une réserve, qui prévienne, au moins pour quelque temps, les fâcheux résultats de leurs vices; mais quand le feu naturel de la jeunesse est allumé par une intempérance habituelle, quand l'imprudence de cet âge est portée jusqu'à la frénésie, tout principe d'honneur et de modération peut s'anéantir, et l'homme devenir inutile et odieux à ses semblables, en un mot, misérable.

98. Il est un crime qui peut être rapporté à la classe d'actes dont nous traitons ici. Ce crime, bien qu'il excite la plus vive compassion, ou plutôt la douleur la plus amère, quand on vient à songer à ce qu'a dû souffrir avant de le commettre, et à ce que peut souffrir après l'avoir commis, l'être malheureux qui s'en rend coupable, ce crime, dis-je (et c'est du suicide que nous voulons parler), est non-seulement un objet de désapprobation, mais d'horreur. Quand

le suicide est l'effet d'une démence qui ne peut être en rien imputée à l'agent, il n'est pas plus un crime que l'action de celui qui, dans le délire de la fièvre, se jette par la fenêtre; mais s'il est l'effet de l'intempérance, de l'athéisme, du jeu, du désappointement dans quelque entreprise illicite, ou d'une révolte contre les décrets de la providence, c'est alors, de tous les crimes, le plus contraire à la nature et le plus condamnable; car, à l'égard de Dieu, c'est un acte de présomptueuse impiété, rendant impossible, si la mort est soudaine, tout repentir, par conséquent, tout espoir de pardon; à l'égard de nos amis et de ceux qui nous sont unis par les liens du sang, c'est une atroce cruauté; et, en ce qui nous concerne nous-mêmes, c'est une insigne faiblesse. *Rebus in adversis facile est contemnere vitam; fortiter ille facit, qui miser esse protest.* Un tel acte choque tellement la nature, qu'on peut difficilement concevoir qu'un homme, dans toute la plénitude de sa raison, s'en rende coupable. Aussi, nos lois supposent-elles (car les lois de toutes les nations civilisées défendent ce crime) que, dans presque tous les cas, il y a folie, et que le suicide ne peut avoir lieu qu'alors que l'homme, en perdant la raison, cesse d'être un agent responsable.

99. Il est de notre devoir de saisir toutes les

occasions de perfectionner notre nature dans chacun de ses éléments; car, en chacun d'eux, elle est perfectible, et tout perfectionnement tend au bien particulier et public, auquel il est de notre devoir de travailler. Il faut donc, autant qu'il est en nous, garantir notre corps de toute pernicieuse atteinte, et, moyennant l'exercice et la tempérance, le maintenir si sain et si actif, qu'il puisse être en état d'obéir à l'esprit, et d'accomplir ce que la raison lui révèle comme utile, et la conscience comme obligatoire. Un double écueil toutefois est ici à éviter : en premier lieu, une affectation de soins pour la toilette, le teint, le maintien; en second lieu, une telle sollicitude pour la santé et pour les moyens de la conserver, qu'elle devienne inutilement une occasion d'embarras pour ceux qui nous entourent et qui vivent avec nous. Une ame virile aime la simplicité, et ne s'occupe pas de bagatelles ; elle ne cherche pas non plus à émouvoir une pitié superflue par des lamentations hors de saison, ou par cette prétentieuse manie de précautions, qui vise à se donner l'air d'une sagacité supérieure.

100. La culture de nos facultés intellectuelles est un devoir plus important encore. Ces facultés, à mesure qu'on les perfectionne, deviennent l'ornement de notre nature, et nous mettent en

état d'être utiles à nous-mêmes, à nos amis, à la patrie, à la société. Occupons-nous donc sans cesse d'étendre nos connaissances, de fortifier notre mémoire, de rectifier notre jugement, d'épurer notre goût en lisant de bons livres et rien que de bons livres, en remarquant avec soin ce qui se passe dans le monde autour de nous, en étudiant les œuvres de la nature et les produits élégants de l'art, en méditant sur la nature réelle des choses, ainsi que sur les motifs et les conséquences des actes humains, tels qu'ils apparaissent dans l'histoire et dans la vie ordinaire, enfin en évitant les passe-temps frivoles, les discours légers, les théories inapplicables, et en ne perdant aucune occasion de tirer avantage de la conversation et de l'exemple des hommes bons et sages. Négliger d'acquérir la sagesse, lorsque nous en avons les moyens, est toujours suivi d'un amer, et trop souvent, d'un inutile regret, du moins, quand l'ame conserve encore quelque sensibilité morale. Quant à la manière dont les choses doivent se passer chez ceux dont les facultés sont engourdies par l'effet de l'oisiveté ou de la débauche, c'est ce que nous ne voulons pas rechercher.

101. Un troisième devoir de cette classe, encore plus important, et peut-être le plus important de tous, c'est d'user de tous les

moyens qui sont en notre pouvoir, afin de perfectionner notre nature morale ; car, c'est là la fin pour laquelle nous avons été créés, et de laquelle doit dépendre notre bonheur pour toute l'éternité. Le moyen de travailler à ce perfectionnement moral, c'est, ainsi que nous l'avons déjà remarqué, de veiller continuellement sur notre conduite, non pas seulement sur nos actions, mais encore sur nos pensées, nos passions, nos desseins, d'y réfléchir chaque jour avec la ferme résolution de réformer ce qui est mal, enfin d'éviter soigneusement les tentations et les mauvaises compagnies. La fascination qu'exercent sur nous les mauvaises compagnies devient si puissante pour peu qu'on y cède, et finit par assaillir notre fragile nature par tant de côtés à la fois, qu'il est à peine possible d'échapper à son influence. Lors même qu'aucune impureté n'apparaît extérieurement dans notre conduite, leur contact est pour notre ame une occasion de souillure. Car, en vertu du principe d'imitation, nous finissons par agir et penser comme ceux avec lesquels nous vivons, surtout si nous avons pour eux quelque affection ; et les méchants possèdent souvent des qualités agréables qui nous les font aimer au point de nous porter à excuser même ce qu'il y a de blâmable dans leur caractère. Alors, la crainte de les offenser, ou d'être tournés en ridicule et taxés de singularité, les sophismes par lesquels les méchants cherchent à excuser leur conduite, enfin, l'habitude de voir ou d'entendre encourager le vice ou mépriser la vertu, tout conspire à diminuer notre horreur pour l'un, notre respect pour l'autre, et à nous entraîner à des actions criminelles et à des principes licencieux.

102. Il arrive quelquefois que l'homme fasse le bien par cette unique considération, que tel est son devoir; ainsi il soulage la misère de ses semblables, bien que, peut-être, sa compassion ne soit pas très-vive; il accomplit ses devoirs religieux, quoique sa piété ne soit pas aussi fervente qu'elle devrait l'être. Rien n'est plus louable, assurément, que de faire ce que nous savons être notre devoir; mais, si nous pouvions en même temps faire naître en nous les bons sentiments analogues à ces mêmes devoirs, tels que la piété et la compassion, ce serait perfectionner notre nature morale et ajouter une valeur double à nos motifs vertueux. Toutefois, que l'homme ne se décourage pas, si, en certaines occasions, ses bons sentiments ne sont pas aussi vifs qu'il le voudrait; qu'il fasse toujours la bonne action si sa conscience la commande, car tout ce que l'on fait ainsi est

de la vertu ; il arrivera même qu'une fréquente répétition de l'acte, d'après ce principe, produira avec le temps, ou fortifiera les bons sentiments qu'il a à cœur d'entretenir.

103. De même, quand nous obéissons à un bon sentiment, quand nous soulageons le malheur parce que la pitié nous y porte, quand nous nous montrons reconnaissants d'un bienfait parce que la gratitude nous y invite, quand nous faisons du bien à notre prochain parce que nous désirons le voir heureux, dans ces différents cas, nous devons nous rendre l'accomplissement de tels actes plus indispensable encore par cette considération que tel est notre devoir. Mais ce n'est pas tout encore : pour constituer la véritable vertu chrétienne, les bons sentiments, mobiles de bonnes actions, et accompagnés en même temps de l'idée du devoir, sont insuffisants sans le secours d'un autre principe, qui est la piété. L'amour de Dieu doit constamment prédominer dans notre ame ; il doit animer et sanctifier tous les actes du devoir. Les chrétiens font ce qui est bien, non-seulement parce que les bons sentiments les y portent, et parce que la conscience leur en impose l'obligation, mais aussi parce qu'ils considèrent que c'est se conformer à la volonté de Dieu, et que leur plus vif désir est toujours de lui plaire.

104. Ne laissons passer, en cette vie, aucune occasion de pratiquer quelque vertu, ou d'entretenir quelque bonne habitude. Peu d'occasions sont assez peu intéressantes pour ne pas faire naître en nous quelque sentiment; la plupart en excitent soit un bon, soit un mauvais. Le malheur peut ou nous aigrir, ou nous enseigner l'humilité et la patience; l'affliction peut nous disposer soit à une pieuse résignation, soit à des murmures impies; la prospérité peut enflammer la sensualité et l'orgueil, ou nous fournir les moyens de pratiquer la modération, la bienfaisance, et la reconnaissance envers le dispensateur de tous les biens; l'offense peut provoquer la haine et la vengeance, ou inspirer les divines vertus de l'indulgence et du pardon; la solitude peut être une occasion d'oisiveté, ou de loisir pour le travail; enfin, le mouvement d'une vie occupée peut nous former aux habitudes de sincérité ou de ruse, de générosité ou d'égoïsme. En ces occasions et d'autres analogues, fuyons les sentiments criminels et contractons les sentiments vertueux; étudions notre caractère, et sachons prévoir les événements de la vie de manière à pouvoir, en toute occurrence, les faire servir au bien et au perfectionnement de notre nature morale. Le point le plus essentiel à notre perfectionnement moral, c'est de

savoir régler nos passions et notre imagination; mais ce point a été traité précédemment; nous terminons donc ici cette partie de la philosophie morale.

PHILOSOPHIE MORALE.

SECONDE PARTIE.

ÉCONOMIQUE.

105. Nous allons maintenant considérer les hommes comme membres d'une famille. La société de famille est le fondement de la société civile, et elle embrasse la triple relation d'époux à épouse, de parents à enfants, de maître à serviteur. Les devoirs qui résultent de ces relations sont si clairemennt et si généralement connus, qu'il n'est pas besoin de les mentionner ici. Toutefois, à ces devoirs se rattachent quelques points controversés, dont nous allons entreprendre un sommaire examen. — Chez les espèces inférieures, l'union des sexes est temporaire et accidentelle; et la cause en est que les passions qui la déterminent sont périodiques, et que les petits ne tardent pas à être en état

de se pourvoir à eux-mêmes ; dans l'espèce humaine, au contraire, les enfants naissent les plus faibles d'entre tous les êtres, et ont ainsi le plus besoin d'éducation et de soins paternels ; car l'homme n'est pas guidé dans sa conduite par un instinct sûr, comme la brute, mais par sa raison ; et cette raison, convenablement cultivée, doit le mener au bien ; mais, négligée ou pervertie, elle peut aussi le conduire au mal.

106. Ces diverses considérations ne sauraient manquer de se présenter à la pensée de l'homme, qui est naturellement un être sensible, raisonnable, doué de réflexion et de prévoyance. Il est donc naturel que, même dans la vie sauvage, il ait un certain degré d'attachement pour son enfant et pour la mère, et qu'il fasse ce qui est en lui pour les aider et les défendre. Il paraît donc raisonnable de supposer que le mariage, sous une forme ou sous une autre, doit exister même en l'absence de lois établies à cet égard, et c'est, en effet, ce qui a lieu. Des exceptions peut-être pourraient être trouvées dans les derniers degrés de la vie sauvage, mais elles seraient trop peu de chose pour avoir quelque valeur dans la question qui nous occupe. Chez les peuples civilisés, la question du mariage doit être d'une très-haute importance, puisque le mariage est, sans contredit, le principe non-

seulement de toute décence et de toute vertu domestique, mais encore de tout ordre politique et de toute société régulière. Si nous avions à parler d'une nation dans les mœurs de laquelle le mariage n'existerait pas, nous n'hésiterions pas à affirmer qu'une telle nation est dans l'état de la plus grossière barbarie.

107. Les principes qui président à cette union peuvent être ramenés à cinq : en premier lieu, cette tendance qui pousse tous les animaux en général à la propagation de l'espèce ; en second lieu, cet amour ou cette estime que fait naître en nous la découverte d'heureuses qualités chez une personne de sexe différent ; en troisième lieu, la bienveillance et l'attachement qui résultent de cet amour ; en quatrième lieu, l'affection naturelle que nous portons à nos enfants ; enfin, la considération de notre propre bonheur. Comme ces principes sont naturels et universels parmi les hommes ; qu'ils tendent à produire cette union, et qu'ils l'ont, en effet, produite à toutes les époques de l'humanité, nous devons croire que ce résultat entrait dans le plan de la providence ; ce qui paraîtra encore plus évident si l'on considère les caractères spéciaux par lesquels la nature a différencié les deux sexes, et qui s'annoncent dès l'enfance même et dans ses premiers jeux. Quant aux fins

de cette union, elles sont au nombre de trois : premièrement, la providence a voulu, par ce moyen, perpétuer l'espèce humaine par des voies non-seulement conformes, mais encore avantageuses à la vertu, à la décence et au bon ordre; en second lieu, cette union est un moyen de pourvoir à l'éducation des enfants; en troisième lieu, elle est, pour ceux qui la contractent, une source de bonheur.

108. On a quelquefois agité la question de savoir si la polygamie était naturellement illicite. Chez les chrétiens, elle ne saurait être légitime, car notre religion l'interdit; mais chez les anciens Juifs et les patriarches, elle n'était pas défendue; elle paraît même, en certains cas, avoir été permise en punition de leur ardeur immodérée à la désirer. Que la polygamie ne soit pas dans l'ordre de la nature, c'est ce qui peut être prouvé par l'argument suivant. Le nombre des naissances est à-peu-près égal pour les deux sexes (vingt hommes sur dix-neuf femmes, suivant certains calculs, ou, suivant d'autres, quatorze sur treize), de telle sorte que si tous les hommes et toutes les femmes se mariaient, il n'y aurait pas plus d'un homme pour chaque femme, ni plus d'une femme pour chaque homme. La providence a sagement ordonné qu'il naquît plus d'hommes que de femmes; car

les hommes sont exposés à bien des dangers, tels que, par exemple, la guerre, la navigation, dont les femmes sont assez généralement exemptes. Certains voyageurs, dans des vues apologétiques pour la polygamie instituée par la loi de Mahomet, ont avancé que chez certaines nations de l'Orient, et particulièrement en Arabie, patrie de cet imposteur, il naît trois ou quatre femmes sur un homme. Quand la chose sera clairement prouvée (car jusqu'ici elle peut paraître douteuse), j'admettrai que, dans ces contrées lointaines, la polygamie n'est ni si inconvenante ni si contraire à la nature qu'elle l'est incontestablement dans les pays que nous habitons.

109. La polygamie est incompatible avec l'affection mutuelle que se doivent les époux. Dans les pays où elle règne, le mari, quel que soit le nombre de ses femmes, en a ordinairement une qui est la favorite ; et la conséquence de cet état de choses est la haine des autres femmes pour celle-là, et pour lui à cause d'elle. Sous d'autres rapports encore, la polygamie est fatale au repos des familles. En Turquie, un mari exerce sur sa maison une sorte d'autorité tyrannique, à telle enseigne que ses femmes sont réellement ses esclaves ; ce qui détruit cette réciprocité d'amitié et de confiance, si essentielle

au bonheur de l'état de mariage. Ajoutons que l'attachement naturel entre les parents et les enfants doit être singulièrement affaibli par la polygamie, et, conséquemment, la bonne éducation des enfants négligée. Il faut songer, en outre, que des enfants d'un même père et de mères différentes vivant en commun, ne peuvent manquer de devenir rivaux et ennemis les uns des autres.

110. Pour que le mariage puisse tomber sous l'empire de la loi, il faut que, à l'instar de tout autre contrat, il soit validé par quelque forme, dont l'absence serait illégale, sans pouvoir cependant, en aucun cas, entraîner la nullité; au reste, en cette question, presque tout dépend des lois humaines. Maintenant, que le mariage soit une union pour la vie, c'est ce qui semble résulter de la nature même de l'amitié, dans les liens de laquelle on ne s'engage pas avec l'intention que ce ne soit que pour une durée limitée. Et, d'ailleurs, l'éducation des enfants exige que l'union du père et de la mère soit indissoluble. S'il n'en était pas ainsi, on contracterait des mariages avec une précipitation qui exclurait tout espoir de bonheur conjugal. La licence introduirait un effroyable désordre dans les relations humaines, et détruirait entièrement l'attachement des parents et toutes les vertus aimables qui en procèdent.

111. Platon est paradoxal sur ce point comme sur plusieurs autres. Il pense que le soin d'élever et d'instruire les enfants ne devrait pas appartenir aux parents, mais à l'état, et que les enfants ne devraient jamais savoir quels sont leurs parents, mais se regarder comme les fils et les filles de la république. Ceci vient de ce qu'il suppose, premièrement, que les parents deviennent avares afin d'enrichir leurs enfants ; secondement, que les personnes unies par les liens du sang sont portées à conspirer contre l'état, et à fomenter l'insurrection et la rebellion ; troisièmement, que les parents gâtent leurs enfants par une tendresse immodérée. De tels arguments sont aussi faibles que le plan du philosophe est peu conforme à la nature ; bien qu'il faille convenir, toutefois, qu'il manque quelque chose à l'organisation d'un pays où la loi n'exerce aucune surveillance sur l'éducation donnée aux enfants par leurs parents (*b*).

112. Il n'y a pas beaucoup d'exemples d'enfants dont la dépravation ait eu son unique cause dans la tendresse des parents. Un peu d'usage du monde fait communément évanouir les fâcheux effets de cette tendresse, quand elle a été portée à l'excès. Si, dès leur naissance, les enfants étaient placés dans une institution publique, pour y être élevés dans l'ignorance

de leurs parents, il pourrait bien se faire que plusieurs d'entre eux rencontrassent des causes de dépravation dans le mauvais exemple, dans l'indifférence, ou dans l'indiscrétion des personnes chargées de les élever ; car il ne faudrait pas espérer que tous ceux qui auraient reçu cette mission de l'état, la remplissent convenablement. D'ailleurs les liens de famille encouragent le travail, qui a besoin d'encouragement, et rarement ils portent les parents à l'avarice, puisque l'on voit surtout cette passion dominer chez les personnes qui n'ont pas d'enfants. Quant aux conspirations contre l'état, il est à remarquer que, loin de naître de l'accord entre les membres d'une même famille, elles ont au contraire pour effet de semer entre eux la division. Indépendamment de ces considérations, attachons-nous surtout à remarquer que les vertus que l'on peut acquérir dans la vie domestique, telles que l'amour filial, l'amour fraternel, les affections de parenté, et les émotions agréables attachées à chacun de ces sentiments, sont les plus aimables qualités de la nature humaine, et amènent les plus heureux résultats en produisant un sentiment d'honneur, une douceur de mœurs, une bonté de cœur, qui contribuent puissamment au perfectionnement de l'ame, ainsi qu'au bonheur de la société, et qui ne sauraient trouver place dans le plan social proposé par Platon.

113. Des considérations établies, on peut tirer la définition du mariage, en disant que c'est une intime et indissoluble union de l'homme et de la femme, fondée sur une estime mutuelle, et contractée en vue d'avoir des enfants, de les élever, et de travailler au bonheur l'un de l'autre. Cette union étant le fondement de toute société régulière, la conscience impose à chacun l'obligation de la respecter, de regarder ses lois comme sacrées, et de ne rien faire qui puisse déprécier dans l'opinion publique ou individuelle une institution qui date du commencement du monde et qui procède de Dieu même. Tout le monde néanmoins n'est pas obligé d'entrer dans cet état. Un manque de prudence ou d'inclination, de mauvaises dispositions, une trop grande jeunesse, certains devoirs indispensables attachés à telles ou telles professions, peuvent, en certains cas, le rendre peu convenable. Ce sont là des empêchements naturels. Il en est d'autres, de l'ordre moral, qui le rendraient illégitime.

114. Le premier de ces empêchements est un engagement antérieur. La bigamie est punie par la loi de tous les pays chrétiens, et dans quelques contrées, notamment en Suède, elle

est punie de mort. Celui qui, après avoir donné lieu de croire à une femme qu'il l'épouserait, en épouse une autre, est coupable d'un crime, qui, bien que hors de l'atteinte des lois, doit être un poids accablant pour la conscience. Un degré trop rapproché de consanguinité est un autre empêchement moral. Une ligne de parenté est ou directe, ou collatérale. La ligne directe comprend les grands-pères, pères, enfants, petits-enfants, et dans cette ligne tout mariage est regardé comme contraire à la nature, et, par conséquent, défendu par les lois de presque toutes les nations. La ligne collatérale comprend les frères, les sœurs et leurs descendants, entre lesquels les lois juives, celles des anciens Romains, et celles de toutes les contrées protestantes prohibent le mariage jusqu'au quatrième degré inclusivement, c'est-à-dire entre personnes plus proches parentes que cousins-germains.

115. La loi canonique, c'est-à-dire la loi de l'église romaine, prohibe également le mariage jusqu'au quatrième degré de parenté. Toutefois la manière dont l'église romaine envisage la question diffère de la nôtre ; car, sous la loi religieuse de Rome, une dispense pontificale est nécessaire pour autoriser le mariage entre cousins-germains, et même entre issus de germains.

116. Il n'est pas facile, ni peut-être possible,

de déterminer d'après les principes philosophiques, dans la ligne collatérale de parenté, les limites précises au-delà desquelles les mariages sont légitimes, et en-deça desquelles ils sont incestueux. Notre loi est très-raisonnable sous ce rapport; et il vaut mieux en cette matière invoquer l'autorité d'une loi positive que celle d'un raisonnement général. La prohibition des mariages entre très-proches parents est appuyée sur d'excellentes raisons, et sur celle-ci notamment (car je ne me charge pas de les énumérer toutes), qu'elle agrandit la sphère de parenté et d'amitié, et contribue ainsi à unir plus étroitement l'un à l'autre les membres de la société humaine.

117. La supériorité du mari sur la femme est si généralement reconnue, qu'il faut qu'elle soit due à quelque cause légitime et permanente; et nous croyons, sur l'autorité de l'Écriture, qu'il en a toujours été ainsi, et que c'est Dieu même qui l'a voulu. En considérant abstractivement le point qui nous occupe, nous pourrions dire que, dans le gouvernement de la famille, c'est à celui qui a le plus de prudence et de vertu qu'il appartient d'en être le chef. Mais le degré exact de vertu et de prudence serait difficile à déterminer, et des discussions à ce sujet entre le mari et la femme pourraient entraîner des

conséquences très-fâcheuses. Aussi, la supériorité de l'un des deux sexes sur l'autre doit-elle être fixée par la loi aussi bien que par la coutume. En supposant même égalité de vertu et d'intelligence entre les deux sexes, ce qui pourrait peut-être bien nous paraître vrai, si nous tenons compte de la différence d'éducation, encore serait-il raisonnable que l'homme eût la supériorité. Car sa force corporelle, et son incapacité pour certains devoirs domestiques, comme par exemple le soin des enfants, pour ne pas faire mention ici de circonstances plus minutieuses, lui donnent plus de moyens et de loisir pour défendre sa famille contre toute offense et pour en surveiller tous les membres. Toutefois, plus la société se civilise, plus les sexes se rapprochent de l'égalité. Les sauvages sont des tyrans envers leurs femmes. Chez les nations policées il en est autrement; mais cette supériorité dont l'homme est investi par la loi est compensée chez la femme par ces égards qu'elle obtient des hommes qui se piquent de bon ton et de manières élégantes.

118. Les devoirs réciproques des époux sont tellement connus, qu'il n'est pas nécessaire d'en donner ici le détail. On peut les ramener tous à un amour et à une fidélité mutuelle, dont la violation est également immorale dans

l'homme et dans la femme, quoique peut-être, au point de vue politique, elle ne soit pas également funeste. L'autorité des parents est fondée, en premier lieu, sur le besoin qu'ont les enfants d'assistance et de direction; en second lieu, sur l'amour paternel et maternel, qui dispose les parents à aider et à diriger leurs enfants; en troisième lieu, sur la pitié filiale, qui dispose les enfants à aimer leurs parents, à les honorer, à leur obéir. En l'absence du père, l'autorité de la mère doit remplacer la sienne, parce qu'elle repose sur le même fondement; mais lorsqu'il est présent, son autorité doit être supérieure, parce qu'il est le chef de la famille. Il est généralement reconnu, et l'on pourrait prouver par des considérations physiques et morales, que les mères doivent nourrir leurs enfants, si elles le peuvent. La mère est pourvue par la nature des moyens de donner à son enfant le genre d'alimentation qui lui convient le mieux. L'enfant, par instinct naturel, demande cette nourriture, et les mères sont portées, tout-à-la-fois par l'instinct et par la raison, à la leur donner, et à trouver dans ce soin un charme infini. Ajoutons qu'il est souvent dangereux de ne pas obéir à la nature en ce point, et qu'il peut s'ensuivre quelquefois des conséquences fatales à l'enfant et à la mère.

119. Les parents doivent à leurs enfants l'affection la plus tendre, pourvu toutefois qu'elle ne dégénère pas en une indulgence sans discrétion, et qu'elle ne s'exerce pas avec partialité, sauf pourtant la préférence légitimement due à un mérite supérieur. Ils doivent, autant qu'il est en leur pouvoir, fournir à leurs enfants les choses nécessaires à la vie et tous les avantages en rapport avec leur condition; mais ils ne sont pas obligés d'être généreux au point d'encourager le vice ou l'oisiveté. Ils sont tenus, au nom de l'amour, de l'honneur et du devoir, de leur donner une éducation qui les rende capables de remplir honorablement leur rôle en ce monde et de se préparer à la vie qui les attend après cette existence terrestre; et, dans ce but, ils doivent employer tous les moyens convenables d'instruction, les préceptes moraux et religieux, les sages conseils, le bon exemple, la louange pour les encourager, la réprimande et même les punitions pour les corriger. Il existe sur l'éducation bien des livres qui méritent d'être lus attentivement, mais très-peu que l'on doive suivre à la lettre; car, en cette matière, un trop grand nombre d'écrivains semblent avoir pris à tâche d'établir des paradoxes et de façonner les jeunes intelligences sur la leur plutôt que de donner des préceptes généraux propres à former

de bons chrétiens et d'utiles membres de la société humaine. Ce sujet demanderait à être traité avec beaucoup plus d'étendue que n'en comporte le cadre de ce livre; aussi ne ferai-je sur ce point que deux ou trois remarques, afin qu'en signalant à l'attention, trop généralement distraite en cette matière, un petit nombre d'exemples de mauvaise direction dans l'éducation, je puisse engager ceux qui m'écoutent à réfléchir sur ce point et sur eux-mêmes.

120. Le plan actuel d'éducation, tel qu'il est communément (je ne dis pas universellement) adopté, semble basé sur cette supposition, que la piété et la vertu ne sont pas d'indispensables éléments du devoir, et que le rang qu'un homme occupe en ce monde et les honneurs qu'il y obtient ont plus de prix que le bonheur éternel dans l'autre. En conséquence de cette opinion, on s'attache à cultiver l'intelligence de l'enfant, à orner son extérieur et à le façonner aux arts ordinaires de la vie. Pour ce qui est de son perfectionnement moral, de la direction à imprimer à ses passions et à ses principes, c'est là un objet considéré comme secondaire. Les enfants sont trop souvent traités comme des jouets, plutôt que comme des êtres immortels qui ont un rôle difficile à accomplir en ce monde et un compte rigoureux à rendre

dans l'autre. Sans doute, l'homme ne saurait être considéré comme agent moral avant d'avoir atteint l'usage de la raison. Mais avant qu'il puisse comparer les choses entre elles, et de cette comparaison tirer des conséquences pratiques, il peut contracter des habitudes d'opiniâtreté ou d'obéissance, d'emportement ou de douceur, un bon ou un mauvais caractère, un jugement droit ou faux, qu'il garde ensuite toute la vie, et d'où résultent d'importantes conséquences. Que l'on ne s'imagine donc pas que l'éducation morale soit peu essentielle au début de la vie; cette éducation ne saurait commencer trop tôt.

121. Parmi les méthodes adoptées, même par les parents animés des meilleures intentions, il en est plusieurs qui semblent inculquer aux enfants le vice plutôt que la vertu, et faire naître ou entretenir en leurs ames les mauvaises passions au lieu de les prévenir. On leur apprend à menacer et même à frapper ceux dont ils se croient offensés, ou à châtier à leur place d'autres personnes ou même des objets inanimés, et on leur enseigne ainsi à être colères et vindicatifs; car, quelle leçon profitable peut-il y avoir pour eux à voir battre un autre enfant, punir un chien, ou frapper un tabouret, pour une faute commise par eux ou par leur nourrice?

D'autre part, leur bonne conduite est quelquefois récompensée d'une manière si absurde, qu'il en résulte pour eux un dérangement de santé, en même temps qu'une leçon de sensualité et de gourmandise. On leur apprend fréquemment à regarder les étrangers, surtout s'ils sont vieux ou peu élégamment vêtus, comme des êtres terribles toujours disposés à les enlever, et on leur enseigne ainsi la couardise, l'aversion pour les étrangers, le mépris pour la vieillesse, la dureté d'ame pour la pauvreté et l'infortune, comme s'il devait y avoir là pour l'homme un objet de haine et non de pitié.

122. Il arrive encore qu'on entretienne les enfants d'histoires de revenants et d'autres choses terribles, qu'on leur dépeint comme apparitions nocturnes, et ils reçoivent ainsi des impressions de terreur dont il leur est bien difficile de s'affranchir, même en devenant hommes. On les complimente sur leur parure, et ils contractent ainsi le goût du faste, qu'ils pousseront plus tard jusqu'au ridicule, à moins qu'ils ne viennent à bout de surmonter cette passion. Quand ils commencent à parler, on les encourage à parler beaucoup, et ils s'habituent ainsi à l'insolence et au manque de respect envers leurs supérieurs. On les menace quelquefois des châtiments les plus sévères, et dans le lan-

gage le plus violent, et un pareil exemple de colère et d'emportement leur apprend à devenir colères et emportés. En d'autres temps, et sans raisons suffisantes, on leur prodigue d'extravagantes caresses qui énervent leur ame, et leur font croire que leurs parents agissent capricieusement et qu'ils ont le droit d'en faire autant. On blâme souvent chez eux avec une égale sévérité les plus légers défauts et les fautes les plus graves; ou bien on loue chez eux le plus frivole talent plus complaisamment qu'on ne ferait un sentiment généreux ou une action vertueuse. C'est ainsi que chacun de nous a pu voir certains enfants blâmés plus sévèrement pour un salut maladroit que pour un mensonge, et beaucoup plus complimentés pour leur manière de danser que pour leur empressement à obéir à leur parents. Un mode d'éducation aussi absurde ne tend-il pas à corrompre leurs principes, à dépraver leur jugement, et à pervertir leur conscience?

123. Quelle excuse pourrait alléguer un père ou un maître qui punirait dans un enfant la faiblesse naturelle de sa mémoire ou la lenteur de son jugement? Ne serait-il pas tout aussi raisonnable de punir cet enfant de ce que la providence lui a donné un corps chétif et une constitution débile? Quelles notions de justice pourrait se former un enfant en rencontrant la

cruauté là où il devrait trouver de la douceur, et en se voyant puni de ce qu'il ne peut faire une chose qui est au-dessus de ses forces? On pourrait encore multiplier les exemples de parents ou de maîtres qui, sans réellement songer à mal, laissent prendre à leurs enfants des habitudes vicieuses, et leur apprennent à se former des idées licencieuses sur des choses que le monde regarde en genéral comme de peu d'importance. Mais les choses les plus communes émeuvent les passions de l'enfance, et tout ce qui provoque ces passions est d'une importance sérieuse, en ce sens que c'est de là que dérivent les actions vertueuses ou criminelles, et les habitudes bonnes ou mauvaises.

124. Que l'on apprenne aux enfants, autant que leur capacité le comporte, à se former des idées justes; par exemple, à regarder les vêtements comme plutôt faits pour l'utilité que pour l'ornement; la nourriture comme nécessaire à la vie et à la santé, et non comme un objet de sensualité. Qu'on leur apprenne que la nature a fait tous les hommes égaux, leçon qu'ils apprendront aisément, l'orgueil étant une de ces passions que rarement ou même jamais ils ne contractent d'eux-mêmes. Qu'on leur fasse comprendre qu'un homme est méprisable, non parce qu'il est vieux, ou laid, ou pauvre, mais

parce que sa conduite est déréglée. Qu'on les accoutume aux égards pour la vieillesse, au plus profond respect pour leurs parents ; qu'on leur fasse prendre l'habitude de ne jamais murmurer contre leurs volontés, et de ne se hasarder sous aucun prétexte à contrarier leur opinion. Un tel plan de conduite les rendra soumis et affectueux ; car plus ils respectent un père ou un maître, plus ils l'aiment. De cette manière aussi, ils apprendront à être modestes, soumis et dociles ; ils contracteront le sentiment de l'obéissance au devoir, et la notion de responsabilité morale.

125. Lorsqu'on se laisse aller au vice, ou qu'on parle du vice sans réprobation, en présence d'un enfant ; quand un père ou un maître punit tel jour une faute que tel autre jour il excuse ; quand il néglige de prendre connaissance d'une faute dont l'enfant sait qu'il ne doit pas rester ignorant, ce sont là autant de leçons d'immoralité qui ne peuvent manquer de corrompre un jeune cœur. Corriger un enfant quand on est en colère, c'est lui donner l'exemple de deux vices à-la-fois, l'emportement et la vengeance ; car toute correction de ce genre ne peut manquer d'être excessive et de paraître telle à celui à qui elle est infligée ; la vengeance semble s'y mêler, et peut-être même

s'y mêle réellement. Il ne faut avoir recours à des châtiments corporels qu'après avoir épuisé inutilement tous les autres moyens de correction ; et que ce remède, si on l'emploie, soit employé avec modération et dignité, afin que l'enfant comprenne que nous nous y déterminons à regret, uniquement par respect pour notre devoir, et pour son bien. L'honneur et la honte, ainsi que nous l'avons déjà remarqué, sont des mobiles plus nobles, et l'expérience atteste que la plupart du temps, sinon toujours, ils sont les plus efficaces. Ils peuvent être assurément employés avec un grand succès dans tout le cours de la vie, comme préservatifs contre le vice, et comme frein à toute passion déréglée.

126. On a souvent agité la question de savoir laquelle est préférable de l'éducation publique ou de l'éducation privée, et ce problême ne paraît pas devoir être résolu de si tôt. C'est un point qui ne saurait être décidé par l'expérience; car l'une et l'autre méthode a produit des hommes de toute espèce de caractères, de tout degré de talent et d'instruction. En supposant de part et d'autre des maîtres également consciencieux et également habiles, on pourrait dire peut-être que de l'éducation publique et de l'éducation privée, l'une est la meilleure école pour nous former aux choses de ce monde,

l'autre pour nous préparer à la vie à venir. La première offre indubitablement des occasions plus favorables d'acquérir des habitudes d'activité, de liberté, de courage, une profonde connaissance du monde et de la nature humaine, et en même temps de contracter de précieuses liaisons d'amitié. De la seconde, au contraire, on peut attendre plus de modestie et d'innocence, une rectitude de principes plus rigoureuse, moins de tentations au désordre, moins de danger des mauvaises compagnies.

127. Peut-être, s'il y avait alliance entre les deux méthodes, si les enfants qui fréquentent les écoles publiques étaient en même temps sous la vigilance continuellement attentive d'un père ou d'un tuteur (avantage qui ne pourrait du reste appartenir qu'à un petit nombre), peut-être alors l'inconvénient attaché à la trop grande population des écoles publiques serait-il en partie prévenu. Sans cette surveillance particulière, de grandes écoles, surtout dans de grandes villes, pourraient avoir bien des dangers. Horace nous apprend (sat. 1, 6,) qu'il a été élevé d'une manière toute semblable à celle que nous proposons ici; que son père, bien que loin d'être riche, l'emmena de son village natal à Rome, où il le plaça sous les meilleurs maîtres; mais qu'en même temps il surveillait lui-

même toutes les parties de l'éducation et la conduite de son fils. Ce que le poète a écrit à ce sujet mérite une attention particulière, et fait honneur tout-à-la-fois au mérite et à la sagesse du père, à la gratitude et à la piété du fils. Il serait difficile de trouver dans l'antiquité païenne une plus aimable peinture des sentiments mutuels d'un père et d'un fils.

128. Quant aux devoirs des enfants envers leurs parents, c'est un point qu'il n'est pas nécessaire de développer ici, puisque ces devoirs sont universellement connus chez les nations chrétiennes. Après ce qu'ils doivent au Créateur, les enfants sont tenus envers leurs parents à l'amour, au respect, à la plus vive reconnaissance; car, dans toutes les circonstances ordinaires de la vie, un enfant a plus d'obligation à un bon père qu'à tout autre créature. Les enfants doivent, autant qu'il est en leur pouvoir et qu'il est nécessaire, aider leurs parents, supporter leurs infirmités, faire tout ce qui est en eux pour leur rendre la vie agréable, recevoir leurs conseils avec une déférence respectueuse, et obéir à leurs ordres légitimes. Il ne paraît pas cependant que dans les choses aussi intimement liées au bonheur de la vie que le mariage ou le choix d'un état, les parents aient quelque droit de forcer l'inclination de

leurs enfants. En cette matière, comme en toutes les autres, les parents doivent aux enfants leurs meilleurs conseils; mais en cette circonstance, le bien-être temporel des enfants peut être si puissamment intéressé, qu'un acte de contrainte équivaudrait à un acte de cruauté; il y a plus, une telle contrainte, en irritant leurs passions et en portant le trouble dans leur ame, pourrait compromettre leur bonheur dans la vie future en même temps qu'il le détruirait dans celle-ci. Il est vrai, sans doute, que l'habitude et la continuité de relations peuvent quelquefois triompher de la répugnance; mais il n'est pas moins vrai qu'il y a des personnes et des choses si désagréables, que notre répugnance à leur égard s'accroît en raison de l'habitude et de l'intimité du lien qui nous attache à elles. En matière de mariage les prérogatives paternelles ne s'étendent pas au-delà du droit d'opposition; encore, en bien des cas, ce droit peut-il être contesté. La nature a voulu que l'affection mutuelle fût le principal mobile de cette union; c'est pourquoi un mariage contracté sous l'empire d'un motif différent, et en l'absence de cette condition, tel qu'un mariage d'ambition, un mariage d'argent, ou même de simple obéissance à la volonté des parents, est contraire à la nature, et, par conséquent, illégitime.

129. Les relations du maître et du serviteur sont fondées sur un contrat ou accord, dans le but du bien-être mutuel des deux parties contractantes. Les devoirs particuliers attachés à ces relations sont déterminés, soit par les termes du contrat, soit par les règles ordinaires de l'équité, et par la coutume générale du pays. Voici de quelle manière on peut expliquer l'origine et la légitimité de ces sortes de relations. Les créatures humaines, bien qu'elles naissent égales sous bien des rapports, sont cependant, sous le rapport de la capacité et du caractère, bien inégales entre elles. Si tel homme est naturellement entreprenant, prudent, actif, et tel autre irrésolu, imprudent, indolent, il arrivera, avec le temps, supposé d'ailleurs que ce qu'on appelle la fortune soit également favorable à tous deux, il arrivera, dis-je, que le premier acquerra beaucoup de richesses sans faire de tort à personne, et que le second en acquerra très-peu sans avoir éprouvé de tort de personne. Le premier sera, par conséquent, bien plus affairé que le second, et sera disposé à salarier ceux qui voudront l'aider et le servir; tandis que ceux qui ne possèdent rien ou peu de chose seront bien aises d'accepter de telles conditions. Alors, si le maître est bon, et le serviteur fidèle, en d'autres termes, si chacun fait

ce qu'il doit faire, ils seront tous deux plus heureux par suite de ces relations qu'ils ne l'eussent été sans elles.

130. D'ailleurs, pour l'utilité et l'agrément de la vie sociale, il a fallu y établir une foule de fonctions qui ne peuvent pas être toutes également honorables, ou également avantageuses. Les riches disposant des moyens d'une meilleure éducation, deviendront plus capables que les pauvres de remplir les plus hauts emplois ; et, de leur côté, les pauvres ayant la conscience de leur incapacité, n'auront d'autre ambition que celle de gagner le nécessaire dans le genre de vie auquel ils ont été accoutumés dès l'enfance ; et, de cette façon, toutes les professions utiles appartiendront aux hommes les plus propres à les remplir, et le train de la vie sociale n'en sera que plus régulier et plus facile. Loin de moi l'intention d'insinuer qu'une humble fortune soit l'effet d'une mince capacité, et une grande fortune le résultat de grands talents. Je dis seulement que les variétés naturelles du caractère humain doivent amener avec le temps des variétés de condition dans le cours ordinaire des choses. Mais que l'on se souvienne constamment que les affaires de ce monde sont gouvernées par la providence, qui, dans ses desseins pleins de sagesse et de bonté, souvent

abaisse l'un pour élever l'autre, par des moyens qui peuvent nous paraître défectueux et peu conformes à l'ordre. Que de tels exemples enseignent aux grands la modération, et aux petits la résignation. Tous sont également l'objet des soins de la providence; et, dans toute condition, savoir se contenter de son sort, c'est êtreheureux.

131. On ne peut vivre sans les choses de première nécessité; au lieu que celui qui les possède peut vivre sans serviteur. Le maître est donc plus nécessaire au serviteur que le serviteur ne l'est au maître. Il est donc raisonnable que le serviteur reconnaisse la supériorité du maître, et que, par de là le service stipulé, il ait pour lui un degré de déférence que le serviteur n'est pas en droit d'attendre du maître. De son côté, le maître doit avoir égard à la condition dépendante de son humble associé, et le traiter avec cette douceur qu'un cœur généreux a naturellement pour l'infortune. En un mot, il est du devoir de chacun d'eux de faire à l'autre ce qu'il voudrait raisonnablement en recevoir s'ils devaient échanger leur condition respective; s'ils observent cette règle, leurs relations seront une source de bonheur pour tous deux.

132. Un genre plus rigoureux de service, appelé esclavage, a régné et règne encore, il m'est pénible de le dire, chez plusieurs na-

tions ; mais les formes en sont tellement variées, que son caractère général ne saurait être l'objet d'une définition. Les détails suivants sont de nature à donner une assez juste idée de cette condition que je me propose d'examiner : 1° ce genre de service s'établit par la seule volonté du maître, sans qu'il soit tenu compte de celle de l'esclave ; 2° aucun effort de vertu ou de capacité ne peut jamais améliorer la condition de l'esclave sans le consentement du maître ; et ce consentement, il peut, en toute circonstance, le refuser sans motiver son refus ; 3° le maître peut châtier son esclave aussi sévèrement, et, sous d'autres rapports, le traiter aussi cruellement qu'il lui plaît, pourvu qu'il ne le prive pas de ses membres ou de la vie, et même, en plusieurs pays, cette défense n'est autrement sanctionnée que par la menace de quelque peine insignifiante ou d'une amende, ce qui n'est jamais, on ne l'ignore pas, un frein bien puissant aux passions tyranniques d'un maître riche ; 4° l'esclave travaille pour le seul profit du maître, et, dans certaines parties du monde, il ne peut rien amasser pour lui-même, ou, le peu qu'il amasse, le maître, suivant son bon plaisir, et sans avoir rien à redouter de la loi, trouve mille moyens de le lui ravir ; 5° le maître vend un esclave avec aussi peu de souci que nous vendons un bœuf ou un ustensile de ménage; 6° les enfants des esclaves naissent et sont élevés dans l'esclavage, et les enfants de leurs enfants, et toute leur postérité indéfiniment, à moins qu'il ne plaise au maître de leur octroyer la liberté, ce à quoi celui-ci n'est que rarement ou jamais obligé, et ce à quoi même il rencontrerait des obstacles, en tel cas donné, dans la loi de certains pays; 7° la vie ou la mort des esclaves n'a d'autre valeur, aux yeux de celui qui fait la traite, que celle de la somme qu'il aurait pu les vendre. S'il prend soin de leur vie et de leur bien-être en ce monde, c'est dans son propre intérêt; encore ne s'y croit-il guère obligé, et, ce qu'il y a de certain, c'est qu'il s'en occupe fort peu; quant à leur bonheur ou leur malheur dans la vie à venir, c'est là une considération à laquelle il ne se croit nullement intéressé.

133. Après cet exposé, qui ne saurait, je pense, être taxé d'exagération, il devient inutile d'ajouter que l'esclavage est incompatible avec les droits les plus chers et les plus essentiels de la nature humaine; qu'il tourne au détriment de la vertu et du travail; qu'il ferme le cœur à cette tendre sympathie, le sentiment le plus aimable de notre nature; qu'il condamne l'innocent à un malheur sans espoir, dans le but de procurer richesses et plaisirs aux auteurs

de ce malheur; qu'il tend à abrutir des êtres à qui le maître du ciel et de la terre a donné une ame raisonnable, et qu'il a créés pour l'immortalité; en un mot, qu'il répugne essentiellement à tout principe de religion, d'humanité, de conscience. En protestant contre une si abominable institution, il n'est pas aisé de conserver cette aménité de langage et ce calme d'argumentation que recommande la philosophie; et un éminent écrivain s'est mis peu en peine de se conformer à de telles prescriptions, quand il a formellement déclaré que l'homme qui peut sérieusement plaider la cause de l'esclavage, ne mérite, pour toute réponse, qu'un coup de poignard. Quant à nous, nous sommes un peu plus modérés, et nous entreprenons de justifier nos assertions par un appel à la raison plutôt qu'aux passions de l'humanité.

134. A mon grand regret, et au grand déshonneur de la nature humaine, je dois confesser que l'esclavage est très-ancien, et qu'il est peu de contrées au monde où il n'ait régné à une époque ou à une autre. Il est probable qu'il prit naissance chez les sauvages ou chez les peuples à demi-civilisés, qui condamnaient leurs captifs à cette condition, et qu'ensuite les nations plus civilisées l'ont adopté à leur tour, à titre de représailles. Nous lisons dans l'Ancien-

Testament et dans Homère, qu'aux époques les plus anciennes c'était une coutume d'emmener captifs et de vendre comme esclaves ceux qu'on avait faits prisonniers de guerre. Ces esclaves, cependant, n'étaient pas toujours traités cruellement sous d'autres rapports, et il leur arrivait souvent, au contraire, de devenir les favoris de leurs maîtres. Ceci, toutefois, n'était pas général. A Athènes et à Rome, dans les derniers temps de ces deux empires, les esclaves pouvaient mener une vie qui n'avait rien de pénible; mais à Sparte, on les traitait avec une rigueur poussée à un degré à peine concevable, quoique ce fût à eux, agriculteurs et artisans, que des maîtres orgueilleux et oisifs fussent redevables de toutes les choses nécessaires à la vie. La jeunesse lacédémonienne, dressée à l'habitude de tromper et de massacrer ces pauvres gens, se ruait de temps à autre sur eux, afin de montrer ses progrès dans l'art du stratagème et du carnage. Tout d'un coup, et sans aucune provocation, dans un simple but d'amusement, ils se mettaient à massacrer ces malheureux, et l'on dit qu'une fois ils en égorgèrent jusqu'à trois mille en une seule nuit; et non-seulement la loi tolérait, mais encore autorisait ces scènes de meurtre. Voilà de quelle façon l'esclavage contribue à accroître le bonheur d'une partie de la société, et la vertu de l'autre!

135. Dans ces attaques dirigées contre l'esclavage, on s'imaginera peut-être que je discute sans adversaire; il n'en est rien cependant. Il m'est arrivé de rencontrer un Anglais, homme d'instruction et d'un certain rang, qui prétendait sérieusement, en ma présence, que les classes inférieures du peuple de notre pays auraient dû demeurer ce qu'elles étaient autrefois, esclaves attachés à la glèbe, comme dans quelques malheureuses contrées de l'Europe, achetés et vendus avec le sol. Bien des hommes, auxquels il a plu de se croire merveilleusement habiles en philosophie et en politique, se sont efforcés de prouver la légitimité et la convenance de cette institution abhorrée de quiconque est digne de l'honneur d'être né sur le sol de la Grande-Bretagne. Nous allons examiner rapidement ces arguments, 1° en ce qui touche l'esclavage en général, 2° en ce qui touche en particulier celui des nègres africains.

136. A la tête de mes adversaires, je dois placer Aristote, qui, au premier livre de sa *Politique*, raisonne ainsi : « Les hommes doués » d'une grande force corporelle, mais dénués » d'intelligence, sont destinés par la nature à » être esclaves, et les hommes d'une capacité

» supérieure, à être maîtres. Or, les Grecs, et » quelques nations voisines, étant supérieurs » en capacité, ont un droit naturel à l'empire; » tandis que le reste des hommes, à cause de » leur stupidité naturelle, semblent destinés » par la nature à l'esclavage et au travail. » Chacun découvre l'absurdité de ce raisonnement, et s'aperçoit qu'il est basé sur un préjugé national, et sur une connaissance très-défectueuse de l'humanité. Les Grecs ne sont plus, à l'heure qu'il est, une nation de philosophes ou de héros; malgré les avantages qui résultent pour eux de leur climat et d'une heureuse organisation physique, ils sont les ignorants et humbles esclaves du despotisme ottoman [1]; tandis que d'autres nations, et en particulier la nôtre, qu'Aristote (si tant est qu'il en eût jamais entendu parler) croyait assurément condamnées à une obscurité et à un esclavage éternels, sont devenues, sous le rapport du génie, de l'industrie, du courage, de l'amour de la liberté, les égales des peuples les plus accomplis. De ce qu'un peuple est actuellement à l'état de barbarie, en inférer qu'il n'arrivera jamais à l'état de civilisation, n'est pas plus raisonnable que

---

[1] Il faut se rappeler que le livre de J. Beattie, dont nous donnons ici la traduction, fut écrit en 1793. (N. du tr.)

d'affirmer qu'un chêne long de dix pouces ne deviendra jamais un arbre, ou qu'un enfant ne deviendra jamais un homme. D'ailleurs, spirituel ou stupide, savant ou ignorant, grossier ou poli, tout homme, pourvu qu'il soit pur de tout crime, a des droits aussi imprescriptibles à la liberté qu'à la vie.

137. On a dit qu'une institution si généralement adoptée que l'esclavage ne pouvait être ni illégitime ni contraire à la nature. Cette objection ne mérite pas de réponse. Le paganisme et le mahométisme ont été long-temps et sont encore la religion de bien des nations ; les sacrifices humains ont été autrefois dans les mœurs des nations septentrionales de l'Europe et de plusieurs autres parties du monde ; et il y a des tribus indiennes, qui, dans la sauvage ivresse du triomphe, dévorent les ennemis qu'elles ont faits prisonniers dans la bataille. Eh bien ! s'ensuit-il que nous puissions légitimement nous faire anthropophages, ou offrir des sacrifices humains aux idoles ? s'ensuit-il que Mahomet fût un vrai prophète ? s'ensuit-il que Jupiter et son méprisable cortége de divinités fussent les créateurs et les maîtres de l'univers ?

138. Les Romains toléraient l'esclavage, et leurs lois en donnent trois raisons qui, comme faits historiques, peuvent être vraies, mais

qui, considérées comme arguments à l'effet de justifier cette institution, sont toutes également absurdes. D'abord, il est dit que les prisonniers de guerre peuvent être réduits en esclavage plutôt que d'être mis à mort. Mais les droits du vainqueur envers le prisonnier ne s'étendent pas au-delà de certaines précautions à prendre contre toute velléité d'aggression de la part de ce dernier; or, c'est là une garantie que l'on peut obtenir, et que les nations civilisées obtiennent chaque jour, sans être obligées de réduire en esclavage les prisonniers, ou de les mettre à mort. Tuer sans nécessité, même en temps de guerre, est un homicide; réduire en esclavage des êtres humains n'est jamais nécessaire, et, par conséquent, l'esclavage est toujours injuste; car toute ame bien née considère l'esclavage comme pire que la mort, et c'est bien ce qu'il est en effet. La mort n'affecte que la personne qui doit mourir, et mourir bientôt d'une manière ou d'une autre ; au lieu que l'esclavage peut étendre sa funeste influence sur les enfants innocents des esclaves, et même jusque sur leurs descendants.

139. Dans tous les pays où l'on destinait les prisonniers à l'esclavage, la nécessité de les mettre à mort n'existait évidemment pas, et là où il n'y avait pas nécessité, il ne pouvait y avoir

justice. Or, un châtiment injuste en lui-même ne peut jamais être échangé contre un autre châtiment égal ou plus sévère. Des actions criminelles peuvent assurément entraîner pour leur auteur la privation de la liberté aussi bien que de la vie ; toutefois, ce n'est pas là de l'esclavage, dans l'acception rigoureuse du mot, parce qu'une telle privation de liberté n'atteint pas les enfants du coupable. Mais là où il n'y a pas eu de faute, il ne saurait non plus y avoir de châtiment légitime, pas même le moindre de tous. Or, en combattant pour sa patrie ou pour sa propre défense, quelle faute un soldat peut-il commettre? Loin qu'il ait commis une faute, tout le monde, au contraire, s'accorde à dire qu'il a fait son devoir. Or, peut-on punir comme un filou, peut-on punir, en quelque degré que ce soit, l'homme qui aura fait son devoir, c'est-à-dire qui aura fait une chose dont l'omission eût entraîné pour lui culpabilité et châtiment?

140. La loi romaine suppose, en second lieu, qu'un homme peut se vendre lui-même, et, de cette façon, se constituer esclave. Mais un tel acte, comme le remarque Montesquieu, est à peine concevable, car point de vente sans un prix quelconque échangé contre l'objet vendu; or, ici, l'homme qui se constituerait esclave ne pourrait recevoir le prix de la vente, puisque

toute propriété de l'esclave est considérée comme appartenant au maître. Mais un homme ne peut-il pas se vendre pour un prix qui serve immédiatement à payer ses dettes, ou à procurer un grand avantage à l'un de ses semblables, comme, par exemple, à sauver la vie ou la liberté d'un père? Une telle chose est possible assurément, et peut avoir eu lieu en certains pays; un tel acte, chez celui qui serait capable d'un semblable sacrifice, dénoterait une noble magnanimité. Mais, en ce cas, où serait l'excuse de l'acheteur? Où serait la légitimité d'une transaction par laquelle un acte si noble de vertu humaine serait soumis à une cruelle et incessante punition?

141. La loi romaine suppose, en troisième lieu, qu'un homme peut vendre ses enfants. Mais tous les êtres humains, pourvu qu'ils n'aient nui en aucune façon à la société, ont un droit égal à la liberté, de telle sorte que les parents ne peuvent pas plus vendre leurs enfants, que les enfants leurs parents. Lors même qu'il arriverait que le père les vendît ou les abandonnât plutôt que de les voir mourir de faim, celui qui les aurait achetés ou recueillis serait inexcusable d'en faire des esclaves. Car ceux qui sont dans l'indigence et le dénuement ont droit à l'assistance de ceux qui vivent dans l'aisance; de plus,

le travail d'une créature humaine a toujours plus de valeur que n'en peuvent avoir sa nourriture et ses vêtements, surtout si elle a la force de remplir la tâche d'un esclave; enfin, si cette créature humaine est tout-à-la-fois en proie à la maladie et à la misère, elle a un double droit à la compassion et à l'assistance des riches.

142. Il est impossible qu'un homme sensé et exempt de préjugé songe à l'esclavage sans horreur. Eh! quoi? Un homme, un être raisonnable et immortel, serait traité comme une brute ou comme une machine, complétement soumis au bon plaisir d'un autre homme, son égal par la nature, son inférieur peut-être par la vertu et l'intelligence, et cela, pour le seul tort d'être né en un certain pays ou de certains parents, ou parce qu'il diffère de nous par la forme du nez, la couleur de la peau, ou la grosseur des lèvres! En vérité, si une telle chose pouvait être équitable, ou excusable, ou pardonnable, il faudrait renoncer pour toujours à invoquer l'éternelle distinction entre le juste et l'injuste, le vrai et le faux, le bien et le mal.

144. L'esclavage répugne tellement à l'esprit anglais, que, lorsqu'il y a deux cents ans environ, on établit en Angleterre une loi qui condamnait à cette condition les vagabonds, l'es-

prit national ne put la tolérer, et bientôt après elle fut abolie. Actuellement, tout esclave, quelle que soit sa couleur, est libre dès l'instant où il met le pied sur le sol anglais, et pendant tout le temps qu'il y demeure; qu'il soit chrétien ou non, la loi protége sa personne et sa propriété; il n'a pas plus à craindre de son maître que tout autre serviteur libre; il ne peut être ni vendu, ni acheté; toutefois, s'il s'est engagé, par contrat, à servir pendant un certain temps, ce contrat, semblable à ceux que l'on passe avec des apprentis ou d'autres serviteurs, est valide. — Je voudrais pouvoir ajouter que les droits de la nature humaine sont également respectés dans toutes les possessions anglaises; mais, je dois le confesser avec douleur, il n'en est pas ainsi, car presque tous les produits des Indes occidentales et même des Indes orientales sont dûs aux sueurs, aux larmes et au sang des malheureux esclaves, et ceci nous conduit à examiner, en second lieu, l'origine, la légitimité et le degré d'utilité de l'esclavage des nègres.

144. En démontrant l'injustice de l'esclavage, et en protestant contre l'inhumanité d'une semblable institution, je ne prétends blâmer aucun de ceux qui sont intéressés dans cette question. Mon blâme ne s'étend pas et ne saurait s'é-

tendre indistinctement à tous les possesseurs d'esclaves ; il n'atteint que les maîtres cruels et injustes, et tout honnête homme conviendra que ceux-là le méritent. Je ne puis blâmer la génération actuelle des planteurs d'Amérique et des Indes occidentales de l'existence d'un trafic dont l'établissement remonte à une époque antérieure à la naissance de leurs grands-pères ; je ne puis les blâmer de posséder des biens qu'ils ont acquis par des moyens légitimes, ni de ne pas abolir un trafic qu'il n'est pas en leur pouvoir d'abolir ; je ne puis même les blâmer de ne pas donner la liberté à leurs esclaves, quand je songe qu'une si grande multitude de sauvages affranchis pourraient anéantir la propriété, faire périr des milliers d'innocents, et peut-être répandre le désordre et la confusion dans tout l'état. L'asservissement des nègres n'est pas tant le crime de tels ou tels individus que celui de la société tout entière, à l'exception, toutefois, de ceux des membres de cette société qui condamnent publiquement cette institution, et qui l'aboliraient si la chose était en leur pouvoir ; mais je dois à l'humanité, je dois à la vérité, de présenter le tableau de l'esclavage sous les couleurs que je crois réellement les siennes. De tels moyens, s'ils ne guérissent pas le mal, peuvent du moins tendre à l'alléger, et peut-être contribuer, ne fût-ce que pour une faible part, à son abolition définitive.

145. Les Espagnols ayant pris possession des Indes occidentales vers la fin du XVe siècle, et ayant grand besoin de travailleurs pour les aider à cultiver leurs plantations, mirent la main sur les indigènes qui se rencontrèrent sur leur route, et les réduisirent à l'esclavage; mais ils trouvèrent en eux une race indolente et faible; et, ayant appris que les nègres d'Afrique avaient plus d'activité, ils engagèrent les marchands portugais à leur amener des esclaves de ce pays, et le même expédient fut adopté, dans la suite, par les autres colonies européennes qui s'établirent au-delà de l'Atlantique. Telle fut l'origine de la traite des esclaves africains, qui continua depuis ce temps, et qui a pris un tel développement, que, dans l'Amérique anglaise et dans nos seuls établissements des Indes occidentales, on importe annuellement d'Afrique *plusieurs milliers* de nègres. Combien de milliers précisément? je ne pourrais le dire, les documents qui m'ont été communiqués sur ce point ne s'accordant pas entre eux.

146. Que beaucoup de ces esclaves tombent entre les mains de bons maîtres, et mènent ainsi une existence qui n'est pas trop insupportable, c'est ce que je suis tout disposé à croire.

Il est d'ailleurs reconnu que ceux qu'on emploie au service domestique sont moins à plaindre que ceux qui travaillent aux champs, et que, dans plusieurs de nos colonies, ils sont moins rigoureusement traités que dans d'autres. Mais il est généralement vrai, et l'évidence prouve incontestablement, que les moyens par lesquels on les arrache à leur pays natal, les tourments qu'ils endurent sur mer, les terribles châtiments qu'on leur inflige pour les plus légères fautes, les travaux excessifs dont on les accable, l'insuffisante et malsaine nourriture qu'on leur donne, et les lois auxquelles ils sont assujettis dans plusieurs îles ou provinces, sont choses horribles à raconter, et sont la honte de la nature humaine [1]. La traite des esclaves est donc un trafic infame; et quoique l'esclavage ne puisse être aboli tout d'un coup, il doit pourtant être aboli un jour; il le doit, il le peut, et probablement il le sera par degrés. Son caractère anti-politique et son inhumanité ont été tout récemment démontrés [2] dans une séance publique et solennelle, par

[1] Voir les preuves incontestables et malheureusement trop nombreuses de tous ces faits, dans un extrait du Mémoire intitulé *l'Evidence mise devant les yeux de la commission élue par la chambre des Lords, dans les années* 1790 *et* 1791 — Londres, 1791. (N. de l'auteur.)

[2] Ce passage a été écrit en 1791. (N. de l'auteur.

un raisonnement irrésistible, et avec une vigueur d'éloquence et une ardeur de philanthropie qui font un immortel honneur aux noms de Pitt, de Fox, de Wilberforce, de Montagu, de Smith; tandis que, du côté opposé, rien de semblable à un raisonnement n'a été allégué, qui ne pût se résoudre en un principe que n'oserait avouer ouvertement la portion la plus dépravée du genre humain; en un principe, qui, formulé en termes directs, serait rejeté avec horreur par chacun des membres de l'illustre assemblée à laquelle je fais allusion; et ce principe c'est qu'il ne faut pas renoncer à un usage qui est une source de gain et de richesse.

147. Les écrivains qui entendent le mieux ces matières sont d'avis que nos planteurs des Indes occidentales pourraient employer des serviteurs libres à moins de frais qu'ils n'emploient des esclaves; car, dans cette partie du monde et dans l'Amérique du nord, il y a lieu de craindre que la tyrannie sous laquelle les esclaves gémissent n'en fasse périr chaque année plusieurs milliers, c'est-à-dire bien au-delà du nombre qui mourrait dans le même espace de temps, suivant le cours ordinaire de la nature. Et la preuve, c'est que, s'il en était autrement, il ne se ferait pas chaque année une demande de plusieurs milliers d'esclaves. Les

nègres, hommes et femmes sont importés pêle-mêle, et il est de l'intérêt du maître qu'ils se marient, et qu'ils aient des enfants. Dans nos contrées, une importation annuelle de serviteurs libres n'a jamais été jugée nécessaire, parce que chez nous, dans presque tous les rangs de la population, le nombre des naissances est à-peu-près égal à celui des décès. Et il en serait de même dans nos colonies, si les esclaves y étaient traités comme des serviteurs libres, et si les maîtres, ainsi que la chose est bien prouvée, ne les tenaient pas dans la plus profonde ignorance des devoirs moraux et religieux, et ne les encourageaient pas, par l'exemple et une coupable tolérance, à se plonger dans une sensualité toute bestiale. Examinons maintenant les arguments apologétiques de ceux qui considèrent leur intérêt comme attaché au maintien de l'esclavage. Ces arguments peuvent, je pense, se ramener à cinq.

148. En premier lieu, on dit que « les nègres » que nos planteurs et leurs émissaires achètent » pour esclaves sont publiquement exposés en » vente par leurs compatriotes, et que, si nous » ne les achetions pas, d'autres le feraient. » En réponse à cet argument, je ferai observer d'abord qu'on ne peut prétendre que tous les nègres importés ~~dans nos~~ colonies aient été

vendus dans un marché public ; car il est de notoriété que beaucoup d'entre eux sont enlevés ou emmenés par d'autres moyens secrets. En outre, on ne peut soutenir non plus que le planteur qui les achète après leur importation fasse aucune recherche soit sur leur condition précédente, soit sur la légalité du pouvoir que le vendeur exerce sur eux ; car il est également notoire que, dans chaque colonie, il suffit qu'ils soient noirs et importés d'Afrique, pour que, aux yeux de la loi, cette circonstance *seule* les condamne pour toute leur vie à l'esclavage, et enveloppe tous leurs descendants dans le même malheur.

149. D'ailleurs, lors même que les nations ignorantes et barbares, telles que les peuples de la Guinée, vendraient leurs prisonniers, il ne s'ensuivraient pas que nous eussions le droit de les acheter, à moins toutefois que ce ne fût dans le but de les délivrer de la misère, d'améliorer leurs mœurs, et de les instruire dans la religion chrétienne, ce qui n'a jamais été, comme chacun sait, le but des marchands d'esclaves. Ensuite, il est assez étrange que des marchands, qui réclament le privilége d'acheter tout ce qui leur est offert à tel ou tel prix, soient assez ignorants dans leur propre profession pour ne pas savoir qu'on ne met en vente que des objets

demandés, et que, dans les relations commerciales, il ne saurait y avoir de vendeurs s'il n'y avait pas d'acheteurs. Qui oserait prétendre que les petits souverains d'Afrique continueraient à livrer à l'esclavage leurs sujets et leurs voisins avec le même empressement qu'actuellement, si nos Indiens occidentaux et les Américains du nord n'achetaient plus d'esclaves ? Autant vaudrait dire que le commerce de tabac ne subirait aucune diminution, si toute l'Europe, l'Asie et l'Afrique cessaient d'en faire usage.

150. Mais, laissant de côté ces considérations, qu'il me soit permis maintenant de demander qui apprit pour la première fois aux nègres à se vendre les uns les autres? Quels sont ceux qui engagent ces malheureux peuples, par tous les moyens qu'ils présument pouvoir exercer sur eux quelqu'influence, à enlever et à livrer leurs semblables, et cela, dans le but de rassembler une multitude de victimes humaines capable de satisfaire à la demande annuelle? Ne sont-ce pas les Européens et les planteurs européens qui ont été les premiers auteurs de cet horrible trafic? Leur sied-il bien ensuite de venir déverser sur les Africains tout le blâme de cette odieuse traite qui, sans leur cruauté, sans leur fourberie et leur avarice, n'existerait pas et n'eût jamais existé? Cette espèce de casuistique

peut, à juste titre, être qualifiée de diabolique : car c'est ainsi, dit-on, que le plus malfaisant de tous les êtres tente et séduit d'abord, et ensuite accuse.

151. Je n'ajouterai plus qu'un mot au sujet de l'argument que nous examinons en cet instant : c'est que quelquefois on expose en vente des marchandises qu'il n'est pas permis d'acheter, ainsi que le savent tous les marchands. Celui qui achète un objet qu'il sait avoir été volé participe au crime du voleur. Celui qui achète un homme dans le but de le réduire à la condition de misérable esclave-nègre, fait tout ce qui est en lui pour perdre l'ame et le corps de cet être humain, et il le fait dans la vue d'un sordide intérêt. Celui enfin qui engage un pauvre roi barbare à punir d'esclavage la plus légère faute, et à envelopper l'innocent dans la ruine du coupable, afin d'avoir des hommes à donner en échange de colifichets et autres objets de luxe d'Europe, celui-là fait tout ce qu'il est possible de faire impunément pour dénaturer la véritable justice, pour introduire la corruption et la misère dans les états de ce barbare, et pour étendre l'influence et réaliser les plans du grand ennemi de Dieu et de l'homme.

152. En second lieu, on dit que « les nègres » sont plus heureux dans nos colonies qu'ils

» n'étaient dans leur propre pays. » En supposant que cela soit vrai, il ne s'ensuit pas que nous soyons excusables en les rendant esclaves, à moins que nous ne le fassions dans l'intention sincère de les rendre heureux, et de leur libre consentement fondé sur la persuasion que tel est bien notre but. Si, par des actes d'oppression, je réduis à l'indigence un homme innocent, et que la providence lui ait donné la force d'ame nécessaire pour supporter son infortune comme il convient à un chrétien, peut-être cet homme sera-t-il réellement plus heureux dans l'adversité qu'il ne l'eût été dans la prospérité; mais ma conduite à son égard en deviendra-t-elle plus excusable? S'il est injuste de réduire à l'esclavage une créature inoffensive, un tel acte aura beau avoir des conséquences avantageuses pour celui qui en est l'objet, ces conséquences, à moins qu'elles ne soient entrées dans les plans et dans les vues de l'agent, ne sauraient absoudre sa conduite. Le fer d'un scélérat peut délivrer un homme juste des misères de cette vie et l'envoyer au ciel; mais est-il permis pour cela de tuer un homme de bien? Apprécier la moralité des actions, non d'après l'intention de l'agent, mais par les conséquences qui peuvent en résulter, grâce aux desseins bienveillants de la providence qui nous gouverne, c'est confondre tous les principes moraux.

153. Il y a, dans ce prétexte allégué par ceux qui font la traite des nègres, quelque chose de véritablement révoltant. Leur perfidie, leur cruauté, leur avarice, ont introduit mille maux dans le pays natal des nègres, qui, d'après les renseignements historiques les mieux établis, était autrefois une région de paix et d'abondance. Et maintenant, quand ils ont emmené par la ruse ou par la violence la pauvre victime dans une région lointaine, quand ils l'ont arrachée pour toujours des bras de ses parents et de ses amis, quand ils l'ont ainsi privée de tout ce qui pouvait lui rester de consolation en ce monde, et qu'ils l'ont chargée, elle et ses descendants, des chaînes d'une intolérable servitude, ils osent venir nous dire que c'est à eux que cette infortunée créature est redevable d'être délivrée des maux auxquels elle eût été exposée dans son pays. C'est comme si un ennemi commençait par remplir de matières vénéneuses ou inflammables toutes les parties de ma maison, et qu'après m'avoir violemment enlevé et jeté dans un cachot pour le reste de mes jours, il vînt dire qu'il me rend en cela un grand service, puisque, s'il ne m'avait pas entraîné hors de chez moi, j'aurais

pu être brûlé ou empoisonné par suite des piéges dont il m'avait entouré. Qu'y a-t-il à répondre, je le demande, à un pareil raisonnement ?

154. De ce que les nègres se livrent à l'ivrognerie et se plaisent aux danses et à la musique sauvage, les planteurs en concluent qu'ils sont plus heureux avec eux qu'ils ne l'auraient été dans un pays où les excès sont ignorés, sauf peut-être dans les cabanes des rois. Cependant, danser et boire sont des signes très-équivoques et des moyens très-imparfaits de bonheur humain. Combien de fois les Européens les plus éclairés n'y ont-ils pas recours pour bannir les soucis, ou pour leur apporter une diversion temporaire ! La même chose peut s'observer même dans les prisons où règne la plus grande misère.

155. L'homme n'est pas toujours juge compétent des sentiments de ses semblables. Cependant, il est dans la vie certaines conditions et circonstances, dont nous disons qu'elles sont propres à assurer le bonheur de tout homme raisonnable ; et, d'autre part, il en est d'autres que nous déclarons, à la description qu'on nous en fait, être pires que la mort. Eh bien ! que dirons-nous de la condition du nègre esclave ? Supposons-nous un instant à sa place,

et demandons-nous lequel est préférable de la mort ou de l'esclavage. Être enlevés par ruse ou par violence de notre pays natal, sans être coupable d'aucun crime, et par des hommes que nous n'avons jamais offensés; être entassés comme de la marchandise dans un endroit ténébreux, peut-être même à côté de cadavres et dans une atmosphère pestilentielle, au fond de cale d'un vaisseau faisant voile nous ne savons où; être dépouillés de nos vêtements, et vendus au marché comme des animaux; être conduits par le fouet d'un gardien à un esclavage sans espoir, dans une terre étrangère, où nous trouvons des milliers de compatriotes dans la même condition; être contraints à travailler sans relâche et sans abri, sous le climat dévorant du tropique; nous voir punis, nous, nos amis et nos enfants innocents, avec une sévérité inflexible, pour une légère offense, ou même uniquement pour assouvir la fureur insensée d'un oppresseur impitoyable; être soumis à des lois qui nous considèrent comme des brutes dont les tribunaux n'ont pas à s'occuper[1], savoir que la même destinée attend notre postérité, et que la mort seule peut nous délivrer elle et nous des horreurs d'une telle condition: voir

---

[1] Voir les lois des Barbades relatives aux esclaves. (N. de l'auteur.)

chaque jour nos compagnons expirer autour de nous sous le poids des maux qu'ils endurent; enfin, ce qui peut-être est la pire de toutes choses, être contraints de passer notre vie dans la compagnie et au service de nos tyrans, est-ce là, nous le demandons, une condition désirable? Semble-t-elle faite pour rendre heureux un être raisonnable? Et n'est-elle pas mille fois pire que la mort?

156. Mais les sauvages peuvent-ils avoir assez de sensibilité pour être affectés, autant que nous pourrions l'être, d'une semblable condition? Pas autant que nous, j'en conviens, mais assez pourtant pour en être très-malheureux. Le nègre africain ne manque pas de sensibilité. Violent dans la colère, et terrible dans la vengeance, il apporte la même ardeur dans son attachement à son pays et à ses amis. En amour et en amitié, il a quelquefois donné des preuves d'une générosité qui ferait honneur à un héros de roman. Nous pouvons apprendre des noirs eux-mêmes ce qu'ils pensent de l'esclavage aux Indes occidentales. Leurs fréquentes tentatives d'évasion, bien qu'ils ne sachent où aller, l'obstination qui caractérise leur conduite à l'égard de ceux qui les traitent si cruellement, la joie avec laquelle ils meurent, le suicide auquel ils ont si souvent recours, tout cela

prouve clairement qu'ils regardent leur condition comme très-misérable. Leurs idées, relativement à la vie future, consiste à croire qu'ils reviendront heureux et libres dans leur patrie, ce qui prouve évidemment qu'ils envisagent ce retour comme le bonheur suprême, et leur captivité comme le plus grand de tous les maux. Il se peut toutefois qu'il s'en trouve parmi eux qui ne soient pas mécontents de leur condition. Mais ce sont ceux qui sont tombés entre les mains de maîtres humains; ou bien ceux qui, descendus à un degré peu commun de stupidité ou d'abrutissement, sont également dénués de noblesse d'ame et de raison.

157. On prétexte, en troisième lieu, que « les » noirs d'Afrique sont si dépravés, qu'ils ne mé» ritent pas d'autre condition que l'esclavage. » En réponse à cette objection, je reproduirai d'abord la question que je posais tout-à-l'heure: comment se fait-il qu'ils soient si dépravés? Leurs ancêtres, avant que d'être en rapport avec les Européens, étaient connus pour une race d'hommes inoffensifs, justes, bienveillants, modérés (autant qu'on peut supposer que peuvent l'être des peuples placés dans de telles conditions), étrangers à l'avarice et aux passions haineuses. Ils auraient probablement continué d'être tels, s'ils n'avaient jamais entendu parler

de l'Europe et des blancs. C'est donc aux Européens qu'il faut imputer la dépravation actuelle de ces peuples ; ce sont les Européens qui ont amené cet état de choses, et cela, par le triple abus que voici : 1° en introduisant chez ces peuples l'intempérance et la cruauté, et en leur enseignant par les conseils, les exemples et les présents corrupteurs, à se livrer au vice, à s'asservir et à se vendre les uns les autres ; 2° en les traitant avec une si extrême rigueur ; en les tenant dans l'ignorance de la religion et de la morale ; en se comportant à leur égard comme s'ils eussent appartenu plutôt à l'espèce des brutes qu'à l'espèce humaine ; 3° en les rendant esclaves.

158. Le plus sage des poètes (ainsi que l'appelle avec raison Athénée, en citant le passage qui va suivre), Homère, qui vivait dans un temps où l'esclavage était commun, et qui connaissait si profondément le cœur humain, Homère, dis-je, fait cette réflexion, que « du jour » où un homme devient esclave, il perd la moi- » tié de ce qu'il vaut, » et Longin, citant le même passage, déclare que « l'esclavage, quelque doux » qu'il soit, peut s'appeler la prison de l'ame, » et n'est autre chose qu'un cachot public. » Tacite remarque que « les animaux même perdent » leurs facultés, quand on les prive de la liberté. »

Bannissez du cœur de l'homme toute espérance et tout sentiment d'honneur (et quel sentiment d'honneur, ou quelle espérance peut-il rester dans l'ame d'un esclave païen), et vous bannirez en même temps le plus noble mobile de la vertu. « L'esclavage, dit Montesquieu, » n'est utile ni au maître, ni à l'esclave; à celui-» ci, parce qu'il ne peut rien faire par vertu; à » celui-là, parce qu'il contracte avec ses esclaves » toutes sortes de mauvaises habitudes, s'accou-» tume insensiblement à négliger toute vertu » morale, et devient orgueilleux, colère, dur, » violent, voluptueux et cruel. »[1] Toute l'histoire prouve, et tout philosophe raisonnable reconnaît, que l'esclavage abaisse l'intelligence, et corrompt le cœur de l'esclave et du maître, et cela, à un degré plus ou moins considérable, suivant qu'il est plus ou moins sévère. Ainsi donc, dans ce prétexte allégué par ceux qui font la traite, nous trouvons un nouvel exemple de cette casuistique diabolique ci-dessus mentionnée, au moyen de laquelle le tentateur et le corrupteur s'efforce de se justifier ou de se féliciter lui-même, en accusant ceux qu'il a tentés et corrompus.

159. Que les esclaves noirs soient farouches et sauvages, il n'y a rien là qui doive étonner;

---

[1] Esprit des lois.

il y aurait miracle à ce qu'il en fût autrement. On leur laisse ignorer leur nature, leur devoir, leur destination finale; corrompus par l'exemple de ceux qui prétendent être plus sages, meilleurs et plus nobles qu'eux; lâchement dépouillés de leurs droits naturels, dont ils ont le sentiment aussi bien que nous; aigris et rendus furieux par le désespoir, leur condition est sans remède et sans espérance. Il est absolument impossible que de tels hommes, dénués d'instruction, et animés de passions violentes, conservent un caractère égal, patient, ou souple, au milieu de tant de misères, et qu'ils soient vertueux au milieu de tant de mauvais exemples, et dans une complète privation de tout moyen de perfectionnement moral. Malgré tous les avantages que nous donnent la religion, la philosophie, la civilisation, n'est-il pas vrai que nous serions aussi intraitables et aussi avides de vengeance que ces malheureux, supposé que notre pays vint à être envahi, et nos droits violés par les nègres d'Afrique, aussi cruellement que l'ont été les leurs par quelques marchands d'esclaves et planteurs Européens? Et pourtant, nous admettrions difficilement qu'ils vinssent nous dire, comme moyen de justification, que nous sommes d'une nature tellement inférieure à la leur, que nous ne méritons d'autre condition que celle d'esclaves. Nous dirions d'eux, au contraire, et avec vérité, qu'ils sont si cruels qu'ils méritent d'être exterminés jusqu'au dernier. Et si notre pouvoir égalait nos droits, et que notre délivrance ne pût s'obtenir par d'autres moyens, nous nous armerions des droits de la nature, et nous ferions disparaître nos bourreaux de la face de la terre. Et qui nous blâmerait d'en agir ainsi?

160. En faisant la part légitime de l'éducation et des habitudes de la vie sauvage, en même temps que de cette ardeur de tempérament qui domine chez les naturels de la zône Torride, nous ne trouverons pas que les nègres d'Afrique soient naturellement plus corrompus que les autres hommes. Leurs premiers ancêtres, si nous en croyons l'histoire, étaient un peuple recommandable. Eux-mêmes sont peut-être moins corrompus que nous ne le serions dans leur position ; et toujours est-il certain qu'ils le sont moins que leurs maîtres. Leur attachement pour leurs enfants et pour leurs parents, leur reconnaissance envers les maîtres dont ils reçoivent de bons traitements, la vivacité de leur amitié, leur supériorité à supporter la souffrance et à braver la mort, prouvent évidemment qu'ils reçoivent de la nature une constitution d'esprit très-susceptible de perfec-

tionnement. Si, comme nous le lisons dans le *Paradis perdu*, le superbe mépris de la mère des hommes pour la vie et pour le plaisir, parut à Adam, révéler en elle une nature supérieure et sublime [1], pourquoi serions nous insensibles au mérite de cette pauvre fille de race noire, qui refusait de se marier, « parce que, » comme elle le disait au père Du Tertre, « bien que » misérable elle-même, elle ne voulait pas » mettre au monde des enfants dont les souf- » frances l'affligeraient plus encore que les » siennes propres. » Qui oserait dire que la femme qui prononçait ces paroles était une créature dépravée, qui ne méritait d'autre condition que l'esclavage?

161. On dit que les nourrices de race noire contractent quelquefois pour les enfants confiés à leurs soins une vive tendresse, qui les a même portées en certaines circonstances à dévoiler des conspirations tramées par leurs compatriotes dans un but d'affranchissement, alarmées qu'elles étaient de l'idée de voir envelopper dans le massacre projeté leurs chers et innocents nourrissons, qu'elles distinguent dans leur idiôme par un de ces noms qu'inspire un vif attachement. Si l'on pense que ce soit là un

---

[1] *Paradis perdu*, X. 979 — 1016.

exemple de faiblesse plutôt que de force d'ame, c'est cependant une faiblesse si aimable et qui sied si bien à la femme, qu'elle fait honneur à la nature qui en est capable. De telle sorte que, si nous prenons à la lettre les paroles d'Homère, et que nous supposions avec lui que le jour qui livra à la servitude ceux que nous y voyons condamnés leur enleva en même temps la moitié de leur valeur originelle, nous serons tentés de considérer les nègres comme une race qui ferait honneur à l'humanité, si nous ne la condamnions pas à l'avilissement et à la destruction, et comme des peuples qui ont de justes titres aux priviléges qui appartiennent aux êtres raisonnables.

162. En quatrième lieu, les besoins du gouvernement et du commerce ont été allégués comme justification de notre conduite à l'égard des noirs. Mais celui qui pense que la justice et la bienveillance universelles seraient défavorables à nos intérêts politiques et commerciaux, doit admettre l'une de ces deux choses : ou que l'injustice et la cruauté deviennent licites lorsqu'elles sont une source de gain, ou qu'il y a quelque chose à réformer dans notre régime commercial. Car, de même que ce qui aboutit à l'absurde ne saurait être vrai, de même ce qui aboutit nécessairement au mal ne saurait être juste; et conti-

nuer à faire le mal, uniquement parce qu'il est plus aisé de le faire que de revenir au bien, ne saurait jamais servir de justification à personne, pas plus à une nation qu'à un individu. Je crains fort que le prétexte allégué ne soit pas mieux fondé que ceux que nous avons déjà examinés. Un bon gouvernement se maintient par la justice, la modération, l'industrie, le patriotisme, l'amour du prochain, la crainte de Dieu, tandis que l'esclavage tend à anéantir ces vertus, et ne saurait ainsi être nécessaire à un bon gouvernement.

163. Que, dans les Indes occidentales, les propriétaires trouvassent du détriment à employer dans leurs diverses industries des serviteurs libres, s'il leur était possible d'en avoir, c'est ce qui est tout-à-fait invraisemblable, et formellement démenti par les hommes les mieux informés en cette question. Un prêtre de la Virginie m'a affirmé qu'un blanc fait le double de travail d'un esclave noir, chose qui ne paraîtra pas surprenante si l'on considère que le premier travaille pour lui, et le second pour un autre, que la loi protége l'un et opprime l'autre, qu'enfin, en ce qui concerne la nourriture et l'habillement, le repos et la réfection, l'homme libre à d'innombrables avantages. Dans la Jamaïque, on fait parade d'un grand nombre

d'esclaves, et un habitant de cette contrée m'a dit avoir vu six esclaves passer toute une matinée à ranger la maison, ce que deux domestiques anglais eussent pu faire en moitié moins de temps. On peut donc présumer que si tous ceux qui servent dans les colonies étaient libres, le même travail serait fait par un nombre d'hommes moitié moindre ; ce qui, même au point de vue commercial, tournerait à l'avantage du planteur. Des serviteurs libres, travaillant comme en Angleterre, avec des gages raisonnables, du repos le dimanche, des amusements les jours de fête, vivraient plus long-temps que des esclaves, auraient plus d'enfants, et auraient en même temps de meilleures dispositions et plus de capacité pour le service et la défense du pays.

164. Le sol même devient plus fécond sous la main d'hommes libres, et les productions de la terre sont d'une nature plus généreuse. C'est l'opinion d'un intelligent écrivain français [1], qui, après avoir fait observer que les produits de la Cochinchine sont de même espèce que ceux des Indes occidentales, mais de meilleure qualité et en plus grande abondance, donne pour raison de cette supériorité que les premiers sont culti-

[1] Lepoivre. (N. de l'auteur.)

vés par des hommes libres, et les autres par des esclaves, et, de là, il déduit la nécessité d'affranchir les nègres au-delà de l'Atlantique. « La liberté et la propriété, dit-il, sont le fondement » de l'abondance et d'une bonne agriculture, et » je n'ai jamais remarqué ces résultats là où ces » droits de l'humanité n'étaient pas fermement » établis. La terre, qui multiplie ses productions avec profusion sous la main d'un laboureur libre, semble devenir stérile sous les » sueurs de l'esclave. » Tel est aussi le sentiment de Pline et de Columelle, qui, tous deux, attribuent la ruine de l'agriculture de leur époque non à l'épuisement du sol, comme si une longue culture pouvait avoir pour effet d'épuiser la fécondité du sol (ce qui semble avoir été l'opinion régnante au temps où ils vivaient), mais à l'absurde usage de laisser cultiver à des esclaves ces champs qui (pour adopter l'expression de Pline), « ouvraient avec joie leurs sillons à la » charrue couverte de lauriers, et à la bèche » d'un laboureur à qui Rome avait décerné le » triomphe », et Rollin attribue avec raison à la même cause la stérilité actuelle de la Palestine, comparée à cette fertilité qui lui valut, dans les temps anciens, le nom de « terre d'où » découlent le lait et le miel. »

165. On pourrait s'imaginer qu'il ne serait

d'abord ni facile ni même peut-être possible au planteur de se procurer un nombre suffisant de serviteurs libres, mais il faut se souvenir que leur rareté actuelle dans nos colonies est due au détestable régime qui y règne, car le docteur Franklin affirme, et son témoignage doit être ici d'un grand poids, que « la quantité de nègres » amenés dans les îles anglaises qui produisent » du sucre, a contribué à y diminuer consi- » dérablement le nombre des blancs. Ceux des » blancs qui sont pauvres, dit-il, sont ainsi pri- » vés de travail, et ceux d'entre les blancs qui » ont des esclaves ne travaillent pas, mais sont » luxurieux, énervés, et généralement ont peu de » fécondité. » De telle sorte que, s'il n'y avait pas d'esclaves dans les îles, les blancs, suivant l'opinion qui paraît être celle de Franklin, y seraient plus nombreux, plus actifs, plus vertueux. Or, ce ne saurait être assurément un régime sage que celui qui a pour résultat d'enchaîner l'activité, de corrompre la vertu, et de diminuer le nombre des blancs.

166. Si les nègres d'Afrique pouvaient une fois être assurés que, sur l'autre rive de l'Océan, ils trouveraient la liberté et l'abondance, ne peut-on pas supposer que beaucoup d'entre eux désireraient quitter leur pays et chercher fortune, en qualité de serviteurs libres, dans l'A-

mérique du nord et dans les Indes occidentales? En effet, ne voyons-nous pas nos propres compatriotes émigrer volontairement d'un pays qui, excepté là où dominent des tyrans sans pitié, est une terre de paix et de liberté, pour se rendre dans ces mêmes parties du monde sans autre perspective que celle de la liberté et de l'abondance? De telle sorte que, si l'esclavage était aboli, il ne paraît pas déraisonnable de croire que nos colonies surabonderaient en serviteurs libres plutôt qu'elles n'en manqueraient. On sait que ces régions, qui ont long-temps passé pour inhospitalières, et qui l'étaient réellement à l'époque de leur découverte, sont maintenant des pays agréables, sains, et fertiles jusqu'à l'abondance.

167. Mais, pourrait-on dire, comment serait-il possible d'assurer aux nègres d'Afrique toutes les garanties désirables pour qu'ils consentissent à passer dans le Nouveau-Monde? La difficulté ne serait pas grande, s'il pouvait être vrai, ainsi que l'affirment les apologistes de l'esclavage, qu'ils sont plus heureux avec eux qu'ils ne l'étaient dans leur patrie. Mais, comme cette assertion est de toute fausseté, je reconnais que, pendant quelque temps, il ne serait pas facile de persuader aux Africains qu'ils ont autre chose à attendre des blancs que des trahi-

sons et des tourments. Toutefois, si, d'année en année, nous leur envoyions quelques uns de leurs compatriotes que nous aurions rendus libres et heureux, et qui pussent ainsi leur déclarer, en toute vérité, que nous sommes disposés à traiter aussi favorablement tous les autres, je ne puis m'empêcher de penser que leur témoignage obtiendrait croyance, surtout s'ils déclaraient qu'ils sont prêts à retourner et qu'ils retournassent en effet, avec joie, aux colonies européennes. Ainsi pourraient, avec le temps, s'établir, entre les nations des deux rives de l'Atlantique, des relations qui prépareraient la voie à la science, à la civilisation et à la vraie religion sur toute la face de la terre.

168. Mais, tant que prévaudra le système actuel, le plan que nous proposions sera tout-à-fait chimérique et absolument impraticable. Pour lui donner une chance de réalisation, la première mesure à prendre serait de prohiber, sous les peines les plus sévères, toute importation d'esclaves africains dans les colonies anglaises. Cette première mesure aurait pour effet immédiat d'améliorer la condition des nègres en rendant leur vie beaucoup plus précieuse aux yeux du planteur, et, conséquemment, obligerait celui-ci, dans son propre intérêt, à modérer leur travail, à leur donner des aliments sains

et abondants, et des habitations ainsi que des vêtements confortables. En même temps, leurs enfants et leurs familles deviendraient un objet d'intérêt général; une bonne conduite pourrait les conduire à la liberté; leur éducation serait celle qui convient à un serviteur chrétien; on pourrait enfin les soumettre aux lois du mariage, et restreindre en eux cette sensualité effrénée que leurs maîtres actuels, à ce qu'on assure, ne se mettent pas en peine de réprimer, mais qu'ils encouragent plutôt par la tolérance et par le mauvais exemple.

169. Comme tous les hommes ne considèrent pas l'argent comme le souverain bien, et qu'il en est qui croient que la vertu et le bonheur sont plus précieux, il n'est pas hors de propos d'ajouter à nos remarques précédentes cette considération nouvelle, à savoir que, si les produits des Indes étaient dus au travail d'hommes libres, les planteurs eux-mêmes vivraient plus heureux qu'ils ne le seront jamais sous le régime actuel. En effet, dans la situation présente des choses, ils sont en danger perpétuel d'être assassinés, et ils ne doivent pas ignorer que la crainte seule empêche les malheureux nègres, leurs frères, d'user de tout le pouvoir que leur donnerait la supériorité du nombre, pour recouvrer cette liberté qu'ils n'auraient jamais dû

perdre, et à laquelle l'auteur de la nature leur a donné un droit imprescriptible. Des serviteurs libres peuvent être des compagnons fidèles, et sont fréquemment d'excellents amis; c'est ce que nous apprend Montesquieu dans les paroles suivantes, à la vérité desquelles l'histoire de l'humanité et les sentiments de tous les cœurs généreux rendent témoignage : « Un esclave (dit-» il) voit une société heureuse dont il n'est pas » même partie; il trouve la sûreté établie pour » les autres et non pas pour lui; il sent que son » maître a une ame qui peut s'agrandir, et que » la sienne est contrainte de s'abaisser sans » cesse. Rien ne met plus près de la condition » des bêtes que de voir toujours des hommes » libres et de ne l'être pas. De telles gens sont » des ennemis naturels de la société, et leur » nombre serait dangereux [1] ». Qu'un planteur ou propriétaire de plantations puisse, au moyen d'esclaves, gagner 10,000 livres plus promptement que s'il était servi par des hommes libres, je le concède, bien que ce ne soit pas mon avis : mais je demande si la tranquillité d'un tel état, la satisfaction de voir autour de soi des cœurs fidèles et des visages amis, l'avantage de n'avoir

---

[1] *Esprit des lois*, liv. XV, chap. XIII.

pas sous les yeux des scènes de misère et de carnage, l'approbation d'une bonne conscience, enfin l'espoir d'une récompense future, je demande, dis-je, si tous ces éléments de bonheur ne pourraient pas être acceptés comme équivalents d'un peu d'or ou d'argent?

170. Si rien ne peut contenter le possesseur d'esclaves, si ce n'est de prompts et énormes bénéfices, et que des serviteurs libres soient une taxe imposée à sa rapacité, que la liberté s'établisse nonobstant, et qu'il s'indemnise en augmentant le prix de ses produits. Le sucre et le rhum, Dieu merci, ne sont nécessaires ni à la vie, ni à la vertu, et, s'ils devenaient un peu plus chers, où serait le mal? Mais (pour conclure sur ce point), lors même que toutes ces raisons dussent être rejetées, je ne conviendrai jamais que les avantages qui résultent du commerce de l'hémisphère occidental, fussent-ils dix mille fois plus considérables qu'ils ne sont, puissent nous justifier de l'esclavage et de la destruction des nègres; je n'admettrai jamais qu'un tel motif mérite le moindre égard, jusqu'à ce qu'on soit parvenu à me convaincre que l'or et l'argent ont plus de valeur que le christianisme; que le tabac est d'une possession plus glorieuse et plus essentielle au bonheur que la justice et l'amour fraternel; enfin qu'il vaut mieux, pour

l'homme, vivre dans les jouissances en ce monde que d'être sauvé dans la vie à venir.

171. Le cinquième argument que j'ai entendu produire en faveur de l'esclavage des noirs, est fondé sur ce principe, que les nègres sont des êtres d'une nature inférieure à l'homme, tenant une sorte de milieu entre l'homme et la brute. Quand cela serait vrai, il ne s'ensuivrait pas que nous dussions nous dégrader nous-mêmes par des habitudes de cruauté, ni maltraiter ces malheureux; car les animaux mêmes, quand ils sont inoffensifs, ont droit à être traités avec douceur, et nous avons des motifs de croire que les hommes qui sont sans pitié n'en obtiendront aucune pour eux-mêmes. D'ailleurs, si nous admettions une fois cette théorie, il nous deviendrait très-difficile de déterminer si le nègre tient réellement assez de la brute pour perdre ses droits à la liberté, qui, sauf le cas de conduite criminelle, appartient légitimement à tout homme, ou du moins à tout être raisonnable. D'ailleurs, plus on voudra assimiler le nègre à la brute, et plus aussi il faudra le supposer incapable de notions morales, et, par conséquent, irresponsable de ses actes; et, alors, il devient nécessairement absurde et cruel en quelque degré de le traiter en criminel. Mais ce prétexte, je pense, ne sera jamais allégué par nos plan-

teurs. Ils savent trop bien que les nègres et les mulâtres n'ont aucun doute de leur qualité d'hommes. Le sophisme en question n'a pu être imaginé que par ces ingénieux philosophes de l'âge moderne qui ne trouvent jamais rien de difficile ni de contestable dans les paradoxes les plus opposés au christianisme.

172. Le seul récit digne de croyance sur l'origine de l'homme est celui que nous trouvons dans l'Ecriture. Si nous y ajoutons foi, nous devons croire aussi que toutes les nations de la terre sont *d'un seul et même sang*, issues qu'elles sont des mêmes premiers parents. Ce récit, nous n'avons aucun motif raisonnable de le rejeter, jusqu'à ce que sa fausseté ait été prouvée, soit par des titres plus authentiques, soit par des arguments tirés de la nature même de la chose. Or, prétendre à des titres plus authentiques que ceux que produit l'Ecriture-Sainte serait chose fort difficile, car il n'existe pas de tables généalogiques par lesquelles on puisse prouver que les nègres ne descendent pas d'Adam et d'Eve. Si donc nous voulons raisonner sur ce sujet, c'est dans la nature même de la chose qu'il faut puiser nos raisonnements. Or, je ne sache pas qu'il y ait rien, soit dans la nature spirituelle, soit dans la nature corporelle du nègre, qui ne puisse très-aisément s'expliquer dans

l'hypothèse d'une communauté d'origine entre le nègre et nous.

173. Sous le rapport de sa nature spirituelle, il est certain que le nègre possède la raison, la perfectibilité, la faculté de parler, et, par conséquent, de former ce que les philosophes appellent des idées générales; il est certain qu'il perçoit comme nous une différence entre la beauté et la difformité, la vérité et la fausseté, la vertu et le vice, l'autorité légitime et l'oppression; il est certain qu'il a une idée, très-imparfaite sans doute, mais enfin qu'il a une idée d'un être suprême et d'une vie future, et qu'il peut, moyennant une éducation convenable, contracter des sentiments religieux et des affections sociales; il est certain enfin que, tout dépourvu qu'il soit d'instruction, il a fréquemment donné des preuves d'un esprit généreux et élevé, ainsi que d'une grande habileté dans les arts et les différents genres de travaux manufacturiers qui font son occupation habituelle. Ajoutez à tout cela une posture droite, une figure humaine, des traits humains, des infirmités et des passions humaines, et ne résulte-t-il pas de cet ensemble de circonstances que l'ame du nègre est une ame humaine, ou que la nôtre ne l'est pas?

174. Mais n'y a-t-il pas des nègres d'une stu-

pidité et d'une perversité remarquables? Oui, sans doute : mais la même chose n'est-elle pas vraie aussi de plusieurs blancs; sous le rapport de l'intelligence et des dispositions, ne voit-on pas fréquemment des parents différer extrêmement de leurs enfants, et un frère de son frère? Mais, dit-on, les nègres n'ont pas notre délicatesse de sensation, et ils peuvent rire et chanter au milieu de tortures dont l'idée seule nous fait trembler. Et les Lacédémoniens, quoique blancs et Européens, n'avaient-ils pas une égale force d'ame, ou, si on l'aime mieux, une égale insensibilité? La sensibilité morale, telle que l'amour, l'amitié, l'affection naturelle, ne manque nullement au sauvage d'Afrique. Et lorsqu'il nous arrive de nous applaudir nous-mêmes de nos compositions en prose et en vers, nous devrions bien nous souvenir que, il y a quelques années, une pauvre négresse, esclave dans la Jamaïque, a écrit en anglais plusieurs poèmes qui ont été publiés, et auxquels on s'est accordé à reconnaître un grand mérite[1].

175. Je me trouvai, il y a vingt ans environ, engagé dans une discussion avec un naturaliste

---

[1] Voir à ce sujet des observations très-exactes et très-authentiques dans les *Lettres sur l'esclavage*, par mon bienveillant, sincère et savant ami M. Dickson. (N. de l'auteur.)

très-distingué, qui soutenait que les nègres sont d'une espèce inférieure aux autres hommes, et qui, entre autres arguments, prétendait prouver cette infériorité en disant que pas un d'eux n'avait jamais appris à parler distinctement. Il était facile de répondre, comme je le fis alors, que des hommes arrivés à l'âge viril avant d'avoir conversé avec des Anglais, ne pouvaient acquérir une bonne prononciation anglaise, quelque peine qu'on prît pour la leur enseigner, et cela, parce que leurs organes avaient été accoutumés trop long-temps à une langue différente ; que si les enfants de nos esclaves ne peuvent apprendre à bien parler, la cause en est que, dès leur enfance, ils fréquentent des gens de leur condition, parmi lesquels règne un idiôme barbare que leurs maîtres encouragent plus qu'ils ne rectifient ; qu'enfin, si, dès son enfance, un nègre fréquentait des Anglais, je ne voyais rien qui l'empêchât de parler aussi bien que nous. Ces raisons ne satisfirent pas mon adversaire, qui soutint que les nègres sont naturellement et complétement incapables d'articulations distinctes, et qu'ainsi ils sont d'une race inférieure à l'homme. Mais il m'arriva, quelques jours après, de voir son système renversé, et mes conjectures justifiées par une jeune négresse d'environ dix ans, qui avait passé six années en Angleterre, et qui non-seulement parlait avec l'articulation et l'accent d'une véritable indigène, mais encore me récita des pièces de vers avec un degré d'élégance qu'on eût admiré dans un enfant anglais du même âge [1]. Depuis lors, j'ai eu occasion d'entendre plusieurs nègres africains, qui parlaient l'anglais convenablement, et beaucoup mieux assurément que la majeure partie de la populace des comtés d'York, de Lancastre et d'Écosse.

176. Mais si les nègres appartiennent réellement à l'espèce humaine, pourquoi leur peau est-elle noire, leurs lèvres épaisses, leur nez écrasé, leurs cheveux crépus? Une telle question ne saurait recevoir de réponse directe, parce que nous n'avons guères de notions certaines sur ce qu'étaient les nègres antérieurement à la découverte des Indes occidentales. Toutefois il est aisé de démontrer, par plusieurs analogies naturelles, que ces formes n'ont rien d'extraordinaire, et que, lors même que nous n'eussions jamais vu ou entendu parler d'hom-

---

[1] Elle appartenait à la maison de lord Mansfield, et ce fut à la demande et en présence de l'honorable lord, qu'elle me récita ces pièces de vers. Elle s'appelait Didon, et je crois qu'elle vit encore. (N. de l'auteur.)

mes noirs, la connaissance que nous avons des effets que peuvent produire le climat et la culture sur les animaux et les végétaux nous eût porté à croire que l'existence de tels hommes n'était ni impossible ni improbable. Car, entre la peau et les traits de nos plus jolies femmes et le teint basané et le visage hideux de certains hommes de notre pays, il y a certainement une plus grande différence qu'entre ces derniers et un nègre d'Afrique ou un Indien. Ne voyons-nous pas fréquemment parmi nous des nez écrasés, des lèvres épaisses comme celles des nègres, sans soupçonner pour cela, chez ceux en qui nous les remarquons, une origine étrangère? Et n'est-il pas possible de rencontrer différentes variétés de cheveux crépus et de cheveux lisses dans une même commune, et, qui mieux est, dans une même famille?

176. Que l'on veuille bien observer, en outre, que, vers le nord, la couleur blanche semble dominer, et la couleur brune, au contraire, vers l'équateur. Les lièvres, les renards et quelques autres animaux qui sont bruns dans les contrées équatoriales, deviennent d'une couleur plus claire à mesure qu'on approche du pôle. Les Danois et les Russes ont généralement les cheveux blonds, tandis que les Européens des pays plus méridionaux ont le teint brun.

Peut-être n'y a-t-il pas plus de différence, sous ce rapport, entre les Italiens et les Ethiopiens, qu'entre les Danois et les Italiens. Il paraît aussi qu'il y a dans le cheveu et même dans la chair des animaux, quelque chose qui participe de la nature végétale; et il est bien connu que l'on peut produire de grands changements dans les végétaux, par un changement de culture et de terrain. L'art peut modifier la couleur des tulipes, des roses et des marguerites, et rendre héréditaires les couleurs nouvelles; et le plus humble pavot blanc des champs peut être métamorphosé en la fleur la plus éclatante et la plus belle. — Devons-nous donc nous étonner que des hommes originellement de couleur blanche (comme nous avons lieu de croire qu'ils étaient), vivant nus et sauvages sous le climat de la zône Torride, habitant des huttes sales et enfumées, obligés de peindre leur corps pour le défendre des insectes et autres accidents auxquels les hommes nus sont exposés, enclins peut-être, par un principe de superstition ou de politique barbare, à se défigurer ou à se déguiser artificiellement, usant enfin d'aliments et de boissons qui nous sont totalement inconnus, puissent, avec le temps, perdre leur teint primitif, et devenir noirs, ou basanés, ou cuivrés, suivant la nature spéciale des circonstances sous lesquelles ils vivent? Voit-on là quelque chose de plus surprenant que dans cette métamorphose que subiraient les chevaux arabes, en dégénérant par l'influence du climat et du régime en poneys du Shetland, ou que, dans les changements que peuvent subir, sous le rapport de la taille, de la queue, des cornes, de la laine, des moutons originaires d'un même troupeau, lorsqu'on les envoie en des contrées différentes?

177. La couleur des Ethiopiens a été attribuée par Aristote, Strabon, et la plupart des anciens philosophes, à la seule chaleur du soleil; explication qui s'accorde tout-à-la-fois avec l'étymologie du mot Αιθιοψ, et avec la fable de Phaëton. Toutefois, il est à présumer que les autres causes qui viennent d'être mentionnées, ont contribué au même effet. Quant à l'opinion de ceux qui attribuent cet effet à la malédiction prononcée sur Cham, ce fils pervers de Noé, elle a été suffisamment réfutée par Thomas Brown, dans une savante dissertation sur la couleur des nègres, au sixième livre de ses recherches sur les erreurs vulgaires et populaires.

178. On a objecté que les descendants des blancs, qui ont habité la zône Torride durant deux ou trois cents ans, conservent encore la couleur de leurs pères, et qu'ainsi l'action du

climat sur les traits et sur le teint de l'homme est loin d'être ce que nous la supposons. Mais, pouvons-nous répondre, la condition du planteur européen n'est pas du tout semblable à celle des indigènes d'Afrique ou d'Amérique. Il ne va jamais nu, il ne se nourrit pas des mêmes aliments que les sauvages, il n'est ni obligé ni enclin à se peindre le corps ou à se défigurer de quelque autre manière, il n'habite pas une hutte étroite et enfumée. Et quand bien même il vivrait nu et sauvage sous cette latitude, je ne sais trop si trois cents ans ou même six cents suffiraient pour transformer en nègre un homme blanc. On a remarqué pourtant que les nègres établis en Europe y perdent, avec le temps, un peu de leur couleur native ; et il est permis de présumer qu'ils en perdraient davantage, s'ils étaient, plus qu'ils ne le sont, exposés à l'influence d'un climat septentrional. J'ai entendu assurer à un homme, observateur judicieux et d'une incontestable véracité [1], que, dans l'île Saint-Christophe, où il avait demeuré plusieurs années, les jambes et les pieds de ceux d'entre les serviteurs blancs qui ne portent ni bas ni souliers, deviennent,

---

[1] Feu M. Patrick Wilson d'Aberdeen, l'un des hommes les plus savants et les plus dignes que j'aie jamais connus, et l'un de ceux dont l'opinion sur l'esclavage des nègres s'accorde avec la mienne. (N. de l'auteur.)

avec le temps, exactement semblales à ceux des nègres. D'ailleurs, on croit généralement que, moyennant des alliances contractées entre blancs et noirs, les descendants peuvent, après quelques générations, perdre leur ancienne couleur et leurs anciens traits, et devenir, ceux-là noirs, ceux-ci blancs ; ce qui, s'ils étaient réellement d'espèces différentes, serait une irrégularité de nature aussi grande que de voir naître d'une mule des ânes ou des chevaux.

179. Je me rappelle que, dans le cours de ma discussion avec mon ami le naturaliste, celui-ci me montra deux têtes, dont l'une, disait-il, appartenait à un blanc, l'autre à un nègre; et alors, les posant sur une table, il me pria de remarquer que la tête de l'homme blanc touchait de la pointe du menton la surface de la table, tandis que l'autre était légèrement penchée en arrière, et laissait un intervalle d'un pouce ou d'un pouce et demi entre la table et la pointe du menton. Il en inférait que les deux têtes ne pouvaient appartenir à la même espèce d'animaux, et que, par conséquent, les nègres n'étaient point tout-à-fait des hommes, mais bien des êtres d'un ordre inférieur. Je ne fus pas plus satisfait de cet argument que du précédent ; la position droite de l'une des deux têtes ne me paraissait nullement un signe de supé-

riorité, pas plus que l'inclinaison de l'autre un indice d'infériorité. En admettant même que leur attitude respective eût quelque signification, il n'y avait là que deux têtes, pas davantage, et rien ne prouvait que le même caractère dût différencier universellement la tête d'un blanc d'avec celle d'un noir. Veut-on que cette distinction existe? je répondrai alors que certaines nations, du moins à ce que j'ai entendu dire, impriment à la tête de leurs enfants une certaine forme artificielle, qui, si l'on en croit Hippocrate, finit par devenir héréditaire et naturelle. Dira-t-on que cet usage n'a jamais existé chez les nègres? Je répliquerai que je ne vois aucune absurdité à supposer que l'influence du sol, l'action du climat, un certain degré de chaleur du sang disposât quelques parties du corps humain à être plus hautes, d'autres plus basses chez certaines peuplades et dans certaines contrées de la terre, que dans d'autres contrées et chez d'autres peuplades. N'est-il pas de fait que certaines familles se distinguent par un nez aquilin, plat ou recourbé? Que l'élégance, la difformité ou certains caractères particuliers de la taille se transmettent quelquefois des parents aux enfants, et que, par exemple, les montagnards d'Ecosse ont les joues plus saillantes que les Anglais? J'ajoutai, ou j'aurais pu ajouter, que l'on rencontre des variétés encore plus remarquables chez les brutes, particulièrement chez les chiens, qui, tous, peuvent se rapporter à la même espèce, bien que diversifiés presque à l'infini par la forme, la couleur, le poil et la taille.

180. Pour conclure en ce point, il est pour nous, je pense, de la plus complète évidence que les ames des nègres sont des ames humaines, et rien ne prouve, d'autre part, que leurs corps n'appartiennent pas à l'espèce humaine. Nous avons autant de motifs que le sujet en comporte de croire que tous les hommes qui vivent sur cette terre, quelle que soit leur couleur, sont nos frères et notre prochain; et, s'il en est ainsi, la raison et l'Ecriture déclarent que notre devoir est de les aimer, et d'agir envers eux comme nous voudrions qu'ils agissent envers nous. En appréciant à leur juste valeur et d'après les principes ci-dessus établis les différences qu'on remarque de peuple à peuple, quant à la forme, la taille et la couleur, il s'ensuit que les Lapons, les Samoïèdes, les Esquimaux, les Hurons, les Chinois, les Américains, les Asiatiques, les Indiens d'Afrique, en un mot, tous les habitants de ce globe, qui sont doués de raison, de parole, et à qui la nature a donné une attitude droite, doivent

être considérés comme une grande famille, et comme ayant des âmes de même ordre, nonobstant les légères différences qu'on peut remarquer dans leur conformation corporelle. Ainsi, bien qu'il y ait parmi les hommes plusieurs nations ou tribus, on ne peut dire cependant qu'il y ait plus d'une espèce. Si chaque variété dans la partie visible de l'homme devait être attribuée à une différence de race, les espèces d'hommes seraient assurément trop nombreuses pour qu'on pût les énumérer, et nous nous verrions obligés de rapporter à des origines différentes ceux-là mêmes que nous savons être de la même famille.

181. Le corps humain, comme tout autre système organique, doit être soumis aux lois physiques de la nature; et, de son côté, l'ame humaine, sujette à être impressionnée par tout ce qui impressionne profondément le corps, doit être soumise, en un certain degré, aux influences du sol, du climat, des aliments et des autres circonstances dont se compose la vie matérielle. C'est une chose que tous, autant que nous sommes, avons pu ou pouvons vérifier sur nous-mêmes. L'influence d'un ciel pur ou couvert, d'une chaleur vive ou d'un froid âpre, d'un climat humide ou sec, d'une nourriture légère ou pesante, de liqueurs fortes ou douces,

d'habitudes de propreté ou de négligence, a été éprouvée par chacun de nous, ou, du moins, est si généralement reconnue, que nous pouvons, en toute sécurité, en affirmer la réalité et l'importance. Et si des causes qui n'agissent que temporairement produisent de sensibles effets, les mêmes causes, lorsque leur action est permanente, doivent produire des résultats plus sensibles encore et tout autrement durables. Si un mois de chaleur ou de froid excessifs nous rend incapables de remplir quelques uns de nos travaux accoutumés, des années et des siècles doivent finir par priver le corps et l'ame humaine de plusieurs de leurs facultés.

182. Je dis plusieurs facultés, et non pas toutes. Le corps de l'homme vient de la terre, mais son ame vient du ciel; ses plaisirs et ses jouissances dépendent des objets externes, mais son bonheur a une source intérieure. Dans tous les climats et toutes les conditions, il perçoit la différence entre le vrai et le faux; il peut faire le bien ou le mal; perfectionner sa nature jusqu'à un certain degré ou la dégrader; acquérir la connaissance des choses qui sont à sa portée, ou, par préjugé et par négligence, croupir dans l'ignorance et dans l'erreur. Quand je parle de l'action du climat sur les facultés humaines, c'est surtout en ce qui concerne les

plus remarquables d'entre leurs opérations, à savoir, celles qui exercent sur la société une influence directe, et qui, à ce titre, réclament l'attention de l'historien.

183. Les extrêmes en tous genres sont nuisibles; pour notre ame comme pour notre corps, un juste milieu est, de toutes les conditions, la plus favorable. Les tourments et les contrariétés, quand on peut les surmonter, élèvent l'ame, et améliorent toutes les facultés humaines en les exerçant; mais, s'ils sont excessifs, ils réduisent l'homme à la stupidité ou au désespoir. La chaleur et la fertilité de certaines contrées répandent dans tout le corps une certaine langueur, développent la sensualité, tandis qu'ils dégradent l'entendement — Mais, outre les circonstances de sol et de climat, il en est d'autres encore qui concourent à former le caractère d'une nation. Si les états de la Grèce avaient été bornés par d'inaccessibles montagnes ou d'impénétrables forêts, comme quelques provinces d'Amérique, ou par des mers d'un trajet très-difficile, comme beaucoup d'îles de l'Océan pacifique, ou atlantique, ou oriental; ou s'ils s'étaient trouvés enclavés dans le centre du continent africain ou asiatique, nous n'eussions jamais entendu parler de l'élégance athénienne ou de la valeur spartiate. Les peu-

ples, comme les individus, se perfectionnent par l'émulation, par le travail, par des communications mutuelles. Le danger leur enseigne la vigilance et le courage. Par l'exportation de leur superflu, et par l'importation de celui des autres contrées, ils deviennent industrieux, ingénieux, et se familiarisent avec les mœurs des divers pays. Enfin, la nécessité de s'unir contre un ennemi commun leur enseigne la politique et l'art de la guerre.

184. L'art d'écrire et l'art de travailler le fer sont tellement essentiels, l'un à l'acquisition de connaissances, l'autre à la plupart des professions les plus importantes, et surtout à la navigation et à l'agriculture, que, sans eux, nous pourrions à peine concevoir comment, dans l'acception actuelle du mot, un peuple quelconque pût se civiliser. Et il faut bien remarquer que ces arts, quoique connus en Europe depuis les temps les plus anciens, étaient encore inconnus naguères dans les contrées méridionales de l'Afrique et dans toutes les îles et tous les continents d'Amérique; à quoi l'on peut ajouter que les régions orientales de l'Europe ont dû au voisinage de cette partie de l'Asie, qui a été le berceau des premiers hommes, l'avantage d'être bientôt peuplées, et sans doute aussi d'emprunter à ces ancêtres du genre hu-

main une foule de connaissances traditionnelles, dont les autres tribus, dans leurs courses vagabondes jusqu'aux extrémités de la terre, auront totalement perdu le souvenir. De plus, la Méditerranée, qui baigne tant de rivages, a dû, grâce à ses paisibles flots et à la douceur de son climat, procurer au navigateur les occasions les plus favorables de perfectionnement ; au marchand les moyens d'étendre son influence ; à l'artisan de puissants encouragements pour son industrie; enfin au voyageur mille manières de satisfaire sa curiosité.

185. Ces considérations, et d'autres analogues, peuvent nous conduire à nous rendre compte de cette supériorité qui, jusqu'à ce jour, a été le privilége des habitants de l'Europe et des contrées adjacentes, sans que, pour cela, il faille supposer que le reste du genre humain appartienne à une espèce inférieure. Si deux frères, doués d'égales dispositions, étaient élevés l'un dans la capitale de l'Angleterre, au milieu de tous les avantages de l'éducation et de la société, l'autre à Saint-Kilda, sans aucun de ces avantages, il est probable qu'ils ne différeraient pas moins l'un de l'autre, sous le rapport des connaissances et du caractère, que les Africains ou les Américains d'avec les Européens, ce qui vient corroborer nos conclusions précé-

dentes, et mettre au grand jour la frivolité de tous les arguments allégués en faveur de l'esclavage.

186. Mais, dira-t-on, où voulez-vous en venir? Faut-il que tous ceux qui ont des intérêts aux colonies où l'esclavage est toléré soient flétris par les épithètes de *cruels* et d'*injustes,* s'ils ne donnent pas immédiatement la liberté à leurs esclaves, renonçant ainsi à la moitié de leur propriété, et, du même coup, rendant l'autre inutile? Ce n'est pas là ce que nous disons, et nous sommes loin de le penser. J'ai connu des Anglais qui, après un très-long séjour aux Indes occidentales, en revenaient humains, généreux, animés des sentiments de la probité la plus stricte et du plus parfait honneur. Bien des personnes sont devenues très-innocemment propriétaires d'esclaves, et il serait très-difficile de les indemniser, si l'émancipation générale des esclaves devait être immédiate dans nos colonies. Une brusque émancipation pourrait entraîner et pour les colonies, et pour l'empire britannique, d'assez graves périls, pour rendre politiquement impraticable la destruction immédiate d'un abus si général et si ancien[1].

---

[1] Ces pages sur l'esclavage contiennent, en abrégé, la substance d'un traité composé, en l'année 1778, de matériaux que j'avais graduellement recueillis depuis près de vingt ans. J'avais alors des-

187. Toutefois, l'humanité exige que nous fassions quelque chose pour nos malheureux frères, et beaucoup pourrait être fait, non-seulement sans danger, mais encore sans difficulté. Le même pouvoir qui fait la loi, peut l'abolir, et des lois contraditoires aux principes les plus évidents de raison et de justice, doivent être plus difficiles à établir qu'à abroger. Nous demandons l'abolition des lois et coutumes qui défendent au maître d'affranchir son esclave; de ces lois qui mettent la santé, et trop souvent même la vie d'un noir à la merci d'un blanc; qui refusent d'admettre en justice le témoignage d'un noir contre un blanc, et qui, par là, annullent toutes les lois criminelles favorables aux esclaves noirs; de ces lois qui autorisent en

---

sein de publier le tout, mais j'en fus empêché, partie parce que je ne pus me procurer alors les livres que je désirais consulter, partie par la crainte d'avoir donné un caractère faux à certaines choses, par suite de renseignements dénués de vérité ou d'impartialité. Cependant, depuis que cette question a attiré l'attention de la législature et a été examinée avec soin, j'ai pu me convaincre que mes renseignements n'étaient, en général, que trop bien fondés. On dira peut-être que mes réflexions arrivent trop tard, maintenant (1792) que les communes de la Grande-Bretagne ont voté l'abolition de la traite des esclaves; mais, comme l'esclavage n'est pas aboli, et qu'il n'est pas vraisemblable qu'il le soit de sitôt; comme d'ailleurs je me crois responsable, d'abord devant ma propre conscience, ensuite devant le public, de ce que j'enseigne, j'ai voulu faire connaître ici les opinions que, depuis trente ans et plus, j'ai publiquement professées au sujet de l'esclavage. (N. de l'auteur.)

tout temps une sévérité contraire à la nature, et trop souvent des condamnations injustes [1]; de ces lois et coutumes qui favorisent les crimes des ravisseurs et de ces misérables qui poussent les petits tyrans d'Afrique au pillage et au carnage, afin de réduire à l'esclavage leurs sujets ou leurs voisins, et qui regardent la couleur noire des Africains et leur exportation comme des raisons suffisantes pour les rendre esclaves eux et leur postérité.

188. Il est temps que le clergé de nos colonies subisse une réforme; que, si l'on ne peut l'obtenir sans contrainte, eh bien! qu'on le contraigne à remplir ses devoirs ou à résigner ses fonc-

---

[1] Le fait suivant est le seul, j'espère, mais il est réel. Un ecclésiastique, de mes amis intimes, était allé à la Jamaïque, recueillir une succession que lui avait laissée un de ses frères. Pendant le séjour qu'il y fit, il lui arriva d'être témoin du procès de trois nègres, une femme et deux hommes. Après l'audition des témoins, on demanda à mon ami ce qu'il pensait des prévenus. Je pense, dit-il, et ce doit être l'opinion de tout le monde, que ces gens-là sont aussi innocents que moi-même. Oui, répliqua l'interlocuteur, mais si vous demeuriez quelque temps à la Jamaïque, vous verriez qu'il est nécessaire de faire de temps en temps quelques exemples. Les esclaves furent donc condamnés et conduits immédiatement au supplice, des gibets étant dressés à la porte de la maison. Les deux hommes subirent leur sort avec un inébranlable courage, et ne proférèrent pas une parole. La femme, montée sur un tonneau vide, et la corde au cou, dit aux exécuteurs qu'elle était prête à mourir, si on voulait bien lui dire pour quel crime elle allait souffrir la mort; mais, pour toute raison, on l'expédia sur-le-champ. Je rapporte ce fait d'après un témoin oculaire, dont le témoignage a pour moi la même certitude que mes propres sens. (N. de l'auteur.)

tions. Il est devenu de mode chez lui de ne plus tenir compte des nègres. J'ai même entendu dire que dans ces contrées (dans quelques unes du moins, car j'aime à croire que ce n'est pas dans toutes), s'il arrivait qu'un prêtre fût appelé pour assister aux derniers soupir d'un nègre, il se croirait tout aussi offensé que si on lui enjoignait de visiter un bœuf malade. J'avance ce fait sur l'autorité d'un gentleman qui était planteur dans la Grenade, et qui s'en plaignait à bon droit comme du plus indigne oubli du devoir de la part d'un prêtre. Une autre personne, un prêtre de la Virginie, qui s'y trouve peut-être encore à l'heure qu'il est, m'a assuré qu'on n'y tente pas le moindre effort pour instruire les nègres dans la religion chrétienne, et que si, à cet égard, quelque prêtre s'écartait de la mode établie, *il se ridiculiserait aux yeux de tous ses frères*. J'ai d'excellentes raisons de croire qu'en Jamaïque beaucoup de prêtres manquent à leurs devoirs, et qu'un grand nombre d'entre eux refusent le baptême aux noirs qui le demandent, si ces malheureux ne leur paient une taxe (trois livres sterling, douze shellings, si je suis bien informé), ce que bien peu d'esclaves sont en état de payer [1]. J'ai entendu alléguer, comme

---

[1] Il y a trois ans environ qu'un de mes amis présent à un dîner

excuse en faveur de ces prêtres, que les planteurs ne leur permettent pas de prêcher l'Evangile aux nègres. Mais je ne le crois pas, je ne le regarde même pas comme possible. En supposant toutefois que cela soit, je puis dire, sans les offenser, que lorsque la défense du planteur et l'ordre exprès de Jésus-Christ sont en contradiction l'un avec l'autre, la chose vaut bien la peine que le prêtre considère lequel des deux mérite la préférence.

189. Que le travail qu'on exige du nègre soit en rapport avec ses forces et avec sa santé; qu'il se repose le dimanche, et qu'il reçoive une éducation chrétienne; qu'on lui donne en quantité suffisante les choses nécessaires à la vie, avec des gages raisonnables; enfin, qu'après avoir servi avec fidélité son maître durant un certain temps, il devienne libre, ainsi que ses innocents enfants. Voilà toutes choses que peuvent faire les habitants des Indes occidentales, et la raison s'accorde avec la religion à déclarer qu'il y a devoir à le faire. Quand on l'aura fait,

---

à la Jamaïque, entendit un prêtre dire en termes ironiques et méprisants que leur évêque avait envoyé des livres de piété pour l'édification des nègres. On m'a confié, ajouta-t-il, un paquet de ces livres, et je les garderai soigneusement; car ils ont chez moi sous clé, et ils y resteront. Le mot fut accueilli favorablement, et son auteur n'encourut pas le moindre blâme. (N. de l'auteur.)

l'Africain sera heureux dans son exil; son maître pourra s'enrichir sans crime, et verra se convertir en un véritable paradis ses plantations qui sont aujourd'hui un séjour de tortures.

190. Les ennemis de notre religion se complurent long-temps à penser que les Indiens d'Amérique n'appartenaient pas à l'espèce humaine, parce que, dans les anciens âges il eût été impossible à une colonie d'Europe ou d'Asie de se transporter en Amérique. Un écrivain français affirme positivement qu'entre l'Asie et l'Amérique mugit un Océan de huit cents lieues de large. Mais nous savons, par de nouvelles découvertes, que l'extrémité orientale de l'Asie est séparée de l'Amérique par un détroit où il y a des îles, qui se gêle habituellement tous les hivers, et qui n'a pas plus de quarante milles[1]. On peut donc concevoir tout aussi facilement comment l'Amérique a pu être primitivement peuplée par des colonies asiatiques, que comment la Grande-Bretagne peut l'avoir été, ainsi que nous avons lieu de le croire, par des colonies de la Gaule.

---

[1] Le détroit de Bhering. (N. du trad.)

NOTES.

(*a*) Reid (Essai VI. *Du Jugement*, t. V des Œuvres complètes, publiées par M. Jouffroy) admet dix-huit premiers principes, parmi lesquels douze de l'ordre contingent, et six de l'ordre nécessaire. En voici l'exposé :

Premiers principes des vérités nécessaires.

1° Tout ce qui nous est attesté par la conscience ou par le sentiment existe réellement.

2° Les pensées dont j'ai la conscience sont les pensées d'un être que j'appelle *mon esprit, ma personne, moi.*

3° Les choses que ma mémoire me rappelle distinctement sont réellement arrivées.

4° Nous sommes certains de notre identité personnelle et de la continuité de notre existence, depuis l'époque la plus reculée que notre mémoire puisse atteindre.

5° Les objets que nous percevons par le ministère des sens existent réellement, et ils sont tels que nous les percevons.

6° Nous exerçons quelque degré de pouvoir sur nos actions et sur les déterminations de notre volonté.

7° Les facultés naturelles, par lesquelles nous distinguons la vérité de l'erreur, ne sont pas délusoires.

8° Nos semblables sont des créatures vivantes et intelligentes comme nous.

9° Certains traits de visage, certains sons de la voix,

certains gestes, indiquent certaines pensées et certaines dispositions de l'esprit.

10° Nous avons naturellement quelque égard au témoignage humain en matière de faits, et même à l'autorité en matière d'opinion.

11° Beaucoup d'événements qui dépendent de la volonté libre de nos semblables ne laissent pas de pouvoir être prévus avec une probabilité plus ou moins grande.

12° Dans l'ordre de la nature, ce qui arrivera ressemblera probablement à ce qui est arrivé dans des circonstances semblables.

Premiers principes des vérités nécessaires.

1° Les axiômes grammaticaux, comme, par exemple : il n'y a pas de phrase complète sans verbe.

2° Les axiômes logiques ; par exemple : toute proposition est vraie ou fausse.

3° Les axiômes mathématiques ; par exemple : le tout est plus grand qu'une de ses parties.

4° Les axiômes en matière de goût.

5° Les premiers principes en morale, comme, par exemple : ne pas faire à autrui ce que nous ne voudrions pas qui nous fût fait.

6° Les principes métaphysiques ; par exemple : point de qualité sans *substratum*, etc.

(*b*) Les gouvernements anciens paraissent avoir attaché plus d'importance à la question sociale de l'éducation que la plupart des gouvernements modernes. L'action de la famille sur l'éducation de l'enfance et de la jeunesse est très-légitime, sans doute ; mais l'état ne devrait-il pas aussi exercer la sienne ? Pourquoi, par exemple, tous les enfants, riches ou pauvres, sans exception aucune, ne seraient-ils pas obligés, pendant un nombre déterminé d'années, à venir chercher dans les établissements du gouvernement, avec l'instruction primaire, les premiers principes de la religion et de la morale ? Pourquoi les fonctions publiques de tout ordre et de tout degré ne seraient-elles pas interdites à quiconque ne serait pas venu demander aux écoles de l'état l'instruction supérieure, et, implicitement à cette instruction, des inspirations morales et patriotiques? Pourquoi l'état ne rendrait-il pas plus sévère la censure qu'il exerce sur les théâtres, et n'userait-il pas d'une surveillance analogue sur cette myriade de publications quotidiennes qui ne sont que trop fréquemment autant de véhicules de corruption et d'immoralité ? C'est ainsi que, pour notre part du moins, nous entendrions l'éducation de la jeunesse et du peuple par l'état. Celle-là seule pourra produire des résultats salutaires et durables. On dispute chaque jour sur la question de savoir par où doit commencer la réforme sociale, si c'est la société qui doit réformer l'individu, ou l'individu qui doit réformer la société. Nous croyons que la réforme doit être réciproque et simultanée. Toutefois, comme la première impulsion doit venir de quelque part, c'est à la société, c'est-à-dire au gouvernement, qu'il appartient de prendre l'initiative. Que l'état s'empare des générations naissantes ; que, par un système d'instruction et d'éducation tout-à-la-fois habilement et vigoureusement dirigé, il inculque de très-bonne heure dans ces jeunes ames des idées d'ordre, de modération, de désintéressement, de piété, d'humanité, de patriotisme ; et, avant qu'il se soit écoulé un demi-siècle, une amélioration générale se fera sentir dans nos mœurs politiques et sociales. L'état est trop passif dans nos gouvernements modernes ; sa mission serait de diriger, et non de regarder faire. Ne sait-il pas que c'est là tout ensemble et son droit et son devoir ? Ignore-t-il que, quelles que soient les prérogatives naturelles de la famille en ce qui touche l'éducation de l'enfance et de la jeunesse, ses droits, à lui, sont supérieurs ? C. M.

FIN DU TOME PREMIER.

TABLE DES MATIÈRES

CONTENUES DANS LE PREMIER VOLUME.

www.ingramcontent.com/pod-product-compliance
Ingram Content Group UK Ltd.
Pitfield, Milton Keynes, MK11 3LW, UK
UKHW021853190726
13855UKWH00001B/299

9 782013 251754